호신검술

호신검술

맑은샘

사람들마다 자유로운 사고를 선호하는 경향이 모두 다른 듯하다. 정신이 보다 자유로운 자는 현실적응보다는 오히려 혁신, 이상, 창의성의 대안 추구 경향이 비교적 더욱 강하다. 검술에 대한 경우도 마찬가지일 것이다. 정신이 자유로운 자는 당연히 전통의 검술이 아니라 혁신의 검술을, 고착된 검술이 아니라 창의적 검술을, 그리고 과거의 검술이 아니라 미래의 검술로 나아갈 것이다.

필자도 검술에 관해서도 정신이 자유롭기를 원하며, 또한 이것이 바로 이 책을 쓰게 된 동기가 되었다. 세상만사가 늘 변하고 있으며 여기에 대처하는 과학기술도 꾸준히 창의적으로 급속히 발전하고 있다. 검술의 영역도 역시 마찬가지로 그렇게 변화하고 발전하지 말라는 법은 분명히 없을 것이다.

필자가 검도를 시작한 지 약 20년째이다. 그동안 검도에 관하여 직접 경험하고, 보고, 듣고, 읽고, 지도받는 등 수많은 깨달은 내용들을 정리할 필요가 생겼다. 그리고 동시에 어떤 제안을 하고 싶은 내용도 생기게 되었다. 만약에 지금 이것들을 정리하여 책으로 남기지 못한다면 이 소중한 내용들이 모두 공중분해 되고 사라질지도 모른다는 안타까움이 컸다. 물론, 비록 필자가 지금 나름대로 최선을 다하여 검술의 혁신을 이야기한다고 해도 본인 한 개인의 능력은 언제나 한계가 있으며, 미래에는 수많은 또 다른 검도인들에 의하여 더욱더 이상적이고 발전적인 검술이 계속 새롭게 만들어질 것으로 예상된다. 다만, 지금 필자는 이 책을 통하여 검술에 관하여 과거의 경직되고 권위적인 고정관념을 과감하게 깨뜨리고, '검도를 위한 검도'의 형식적 틀에서 벗어나 '창의적인 새로운 검도'의 가능성을 여는 일익을 담당하는 것으로 만족하고자 한다. 또한 앞으로도 여기에 더욱더 내용을 발전시키기 위한 수정, 보완의 길을 활짝 열어둘 생각이다.

이 책의 특징은 한마디로 기존 검술에 대한 검리연구에 의한 비판서이다. 따라서 기존의 검술에 관하여 이의 없이 공감하는 부분은 대폭 생략하고 거의 언급하지 않았다. 만약 필자가 모든 기존의 검술 내용에 적극적으로 공감했더라면 아예 이 책을 쓸 필요조차도 없었을 것이다. 그리고 이러한 기존의 검술에 대한 내용들은 이미 방대하게 출판되어 있고, 누구든지 쉽게 접할 수 있으며, 설사 꼭 필자가 아니더라도 수많은 다른 유능한 검도인들이 이것을 가르칠 것이기 때문이다.

반면에, 여기에서의 비판적 관점은 기존의 검도기술의 문제점을 극복하여 더 높은 차원에서의 큰 발전의 방향을 제시해 보려는 것이다. 그리고 더 근본적이고 종합적인 검술원리의 체계화도 아울러 추구해보고자 하였다. 물론, 여기서 논하는 각각의 검도기술 자체의 지엽적인 모든 파편들은 필자가 고안한 것이 아니다. 그렇지만, 이 각각의 단편적인 검도기술들에 대한 나름대로의 장단점 평가, 상호비교, 의미부여, 취사선택, 결합방법, 검술의 적용조건, 해석의 논리, 기술적 제안 등에는 어느 정도 필자의 주관적, 창의적 의미를 두려고 한다.

결국, 필자가 주장하려는 검술의 특징은 한마디로 "호신검술"이라고 표현하고 싶다. 이것은 기존의 공인검술이 "공격검술"이라는 인식과 대비되는 것이다. 물론, 호신검술과 공격검술의 어느 쪽이든 평소에 공수(攻守)가 함께 이루어지겠지만, 그러나 이 양자의 가장 큰 상대적 특징 차이를 간략히 비교하자면, 첫째, 호신검술은 내 몸을 보호하는 것을 가장 우선시하며 적의 칼이 나를 전혀 스치지도 못하게 철저한 방어를 하려는 입장이다. 즉, 호신을 먼저 하면서 다음의 기회를 찾는 논리이다. 반면에, 둘째, 공격검술은 공격을 가장 우선시하며, 설사 내가 살을 베어주더라도 적의 뼈를 치겠다는 입장이다. 즉, 불완전한 열 번의 칼보다는 완벽한 한 판의 칼의 기술을 더 중요시하는 입장이다.

그런데, 문제는 호신검술이냐 공격검술이냐의 그 취하는 관점에 따라서, 검도기술의 선택, 그 체계, 평가 및 심판기준이 근본적으로 달라진다는 놀라운 발견이었다. 필자는 지금까지 주로 공격검술로 수련해 왔지만, 또 다른 한편으로는 호신검술에 대한 새로운 영역의 가능성을 개척해야겠다는 필요성을 늘 강하게 마음속으로 느껴왔다.

물론, 이 책은 일반인들에게도 많이 읽히기를 원하고 있다. 그러나 이 책의 구성은 기존의 공인검술에 대한 사전적 이해를 전제로 하면서 이를 대부분 생략했기 때문에, 공인검도의 수련이 최소한 약 10년 이상이거나 혹은 공인검도3단 이상이 아니면 아마도 일반인들께서 읽으시기에 혹시 다소 난해할지도 모르겠다. 이 점을 일반 독자들께서도 이해해주시기를 바란다.

필자의 검도스포츠에 대한 지나친 집착과 사랑이 결국 이러한 집필의 작업에 이르게 한 것 같다. 그리고 이 책은 이러한 호신검술 주제에 대한 씨앗과 같은 시작에 불과하지만, 앞으로 누군가에 의하여 더욱더 수정, 보완, 발전되기를 진심으로 바라고 있다. 지금까지 저를 잘 지도해 주신 검도인 여러분들께 감사를 드리며, 아직 필자의 실력이 미진함에도 불구하고 감히 과학적, 미래지향적 그리고 혁신적 검술의 세계로 먼저 과감히 뛰어든 용렬함을 용서해 주시기를 바라는 마음이다. 그동안 함께 수련함으로써 필자를 적극적으로 도와주신 많은 검도인 여러분들께도 진심으로 머리 숙여 감사를 드린다.

2023년 7월 3일
울주군 못안못 노거정에서
남중헌 씀

| 차례 |

책머리에

I. 검술을 결정하는 요인들

I

검술을
결정하는
요인들

검술을 향한 의지

·

검술을 연마하려는 심리적 강도에 따라 검술의 수준이 결정된다. 매사가 그렇듯이 지향하려는 노력의 대상에 어떤 의미를 얼마만큼 크게 두느냐에 따라 강한 의지를 갖게 될 것이다. 검술을 향한 강한 의지를 갖게 되면, 여기에 대하여 항상 매우 많은 생각을 하게 되고, 최대한의 시간, 노력 및 비용을 투여하게 될 것이다. 따라서 검술에 대한 역량이 더욱더 효율적으로 향상될 것이다.

검술을 연마하는 목적

●

검술을 연마하는 목적에 따라 검술의 성격이나 형태가 달라질 수 있다.

첫째, 건강을 위하여 운동 삼아 검술을 연마하는 경우.

이 경우는 다른 운동이어도 별 상관이 없겠지만, 그냥 일단 검술을 택한 경우이다. 기존 검술에 대한 가르침을 잘 따르며 특별히 기존 검술에 비판적 견해를 가졌을 가능성이 작다.

둘째, 운동선수로서 각종 시합에서 이겨서 검술의 챔피언이 되려는 경우.

현행 심판규정 및 관행에 맞추어 오직 기존 검술에 대하여 철저히 순종할 것이다.

셋째, 검술을 취미로 연마하는 경우.

기존의 공격검술에 대한 관심뿐만 아니라, 새로운 호신검술에 대한 관심도 모두 함께 광범위하게 두루 가졌을 가능성이 크다.

넷째, 위험시 자기 몸을 지키는데 도움을 주려는 경우.

실전에 가장 가까운 혁신적 호신검술 발전에 더욱 집착할 가능성이 크다.

다섯째, 군사용으로 훈련할 때.

상황 및 작전의 필요에 따라 공격검술이나 호신검술의 양자 모두에 관심을 갖을 가능성이 있다.

마음의 수련

●

검도를 수련할 때 제일 먼저 중요한 것은 어떤 마음을 갖느냐이
다. 그리고 이것이 가장 어렵고 끝없는 수련의 문제이다. 이 자기
마음의 콘트롤은 검도의 알파와 오메가와 같다. 따라서, 이러한
마음의 수련이 모든 검도기술의 수련보다 우선시 되어야 함은 당
연하다.

두려운 상황에서도 용기를 갖는 마음, 패배의식에서 벗어난 자
신감 회복, 상대방에게 위축되지 않는 당당함, 경직된 마음을 극
복한 유연한 상태, 어떤 상황에서도 놀라지 않고 평온한 마음이 되
는 것, 흔들리지 않고 빠르게 몸과 정신의 균형을 되찾는 것, 언제
나 흥분하지 않고 침착한 상태, 혼미한 상태에서도 정신을 빨리 차
리는 것, 당황하거나 멍한 상태에서 벗어나는 것, 냉정하게 철저
히 이성적으로 되는 것, 고도의 정신집중력, 방심하거나 교만하지

않은 것, 인내하고 끝까지 기다리는 마음, 옳고 그름의 판단 능력, 약자에 대한 연민의 마음, 지피지기(知彼知己)의 정신, 고도의 전략적 판단 등등.

검도인의 올바른 길은 칼을 올바르게 잡기 위한 자기 수양의 길이라는 말이 맞다. "자기마음의 콘트롤이 되지 않는 만큼, 칼은 이상한 칼이 되고 말 것이다. 아마도 이 경우는, 실전에서도 그대로 나타나, 결국 자기나 타인을 무모하게 해치거나 죽이는 미친 칼이나 어리석은 칼이 될 수도 있을 것이다. 나의 칼은 일차적으로 나의 마음에 따라 움직이는 법이다. 그래서, 자고로, "칼을 다루기 전에 먼저 인간이 되어라."라는 말이 있듯이 이것은 지극히 옳은 말이며 적극적으로 공감하는 바이다.

그러나 더욱 넓게 보면, 이러한 마음의 수련과정은 반드시 검도장에서만 이루어지는 것은 아니다. 직접경험이든 간접경험이든 우리의 인생 전체, 삶 전체가 바로 이러한 인격의 수련과정과 관련되는 문제이기도 하다. 따라서, 이 세상의 모든 지식과 학문, 종교, 예술 등등이 총동원되어도 항상 부족한 것이 이 마음의 수련 문제이다. 그런데, 이렇게 광범위하고도 매우 어렵고도 중요한 검도의 정신적인 측면의 도덕적, 윤리적, 정의감과 겸손한 인간성, 자유정신, 사랑과 연민, 인격완성 등등의 마음의 주제가 검도수련만을 통하여 충분히 고양될 수 있다고 보는 것은 검도수련의 한계를 모르는 과장이요, 마음의 수련 문제를 너무 쉽게 달성할 수 있다고 보는 오만이라고 볼 수 있다. 물론, 검도가 이런 정신적 문제의 일부를 달성하는데 도움을 주는 것은 인정할 수는 있다. 그러나 검도가 이런 정신적 문제를 분수에 넘치게 포함하면, 검도의 영역과 검도가 아닌 영역 사이의 경계가 모호하여지며, 그 논의가 너무나 광범해지고 또한 끝이 없을 것이다.

그러므로, 필자는 여기서 편의상, 아무리 정신적인 문제가 검도에서 가장 중요하다고 하더라도, 가급적 정신적인 부분은 대폭 생략하고 여기서는 검도의 기술적인 측면만을 주로 다루기로 한다. 이와같이 검도의 범위 중에서 기술부분만을 주로 빼내서 언급할 때, 우리는 이때의 검도를 흔히 검술이라고 부르고 있다고 본다. 만약에, 도덕적인 문제가 검도의 영역을 넘어서서 검술의 영역에까지 선을 넘어서 깊숙이 결합되면, 검술이 아주 복잡하게 되고 때로는 검리가 괴상망칙하게 된다. '이기는 검도를 해서는 안된다, 페인트 모션을 해서는 안된다, 혹은 상대를 배려하여 아프지 않게 예의바른 격자를 해야 한다는 등등' 이해하기 힘든 주장들이 나타나게 된다. 그러나 필자의 생각은 여기에 명확하다. 칼을 칼집에서 뽑아서 다시 넣을 때까지 검술스포츠는 정해진 심판규칙을 준수하면서 오직 진지하게 최선을 다하여 이기는 원리밖에는 없다고 본다.

이 책에서는 검도의 광범위한 영역 중, 주로 이러한 검술의 영역만으로 그 범위를 한정하여서 논하고자 한 것이다. 검술은 마음의 수련문제가 적극적으로 포함된 검도와는 다르다. 검술은 어떠한 전제조건들 하에서, 오직 이기고 지는 기술적 과학의 문제이며, 옳고 그름의 도덕적 판단의 문제가 아니다. 즉, 가치중립적이다.

검술에 대한 비판적 혁신 수준

●

기존의 검술에 대한 비판적 혁신 수준에 따라 3단계로 나누어 볼 수 있다. 첫 단계는 고단자들의 가르침이나 시합규정을 모두 철저히 따르는 보수적 입장, 둘째 단계는 단지 시합규정만 중시하고 나머지 고단자들의 가르침은 신축성 있게 참고만 하는 자유로운 입장, 셋째 단계는 고단자들의 가르침은 물론, 기존의 시합규정 자체까지도 비판하며 문제가 발견되면 이것을 바꾸려는 창의적 입장이 있다.

첫째, 보수적 입장.

고단자들의 가르침이나 시합규정 양자 모두를 그대로 수용하며 기존의 내용에 이의가 없다.

둘째, 자유로운 입장.

고단자들의 가르침은 단지 그들의 개인적이거나 주관적 가르침으로 해석하여, 본인은 자유로운 입장에서 이 내용을 취사선택하는 경우이다. 대개 고단자들의 가르침은 논리적 근거나 설명이 없는 결론만 주장하는 경우가 많다. 또한, 사실상 고단자끼리도 그 내용이 서로 다르거나 상충된 이야기를 하고 있다고 생각한다. 따라서, 꼭 따라야 하는 것은 아니라고 생각한다. 그러나 시합규정만은 철저히 준수하며 이의를 갖지 않는다.

셋째, 창의적 입장.

고단자의 가르침뿐만 아니라 시합규정 모두에 어떤 모순이라도 발견되면 이를 철저히 비판하고 창의적으로 새로운 대안을 꾸준히 추구하여 과거의 기존 틀에 얽매임 없이, 끊임없이 검술의 향상을 꾀한다. 검술이란 절대로 과거로부터 고정된 것이 아니며, 언제나 유연하며 변화무쌍한 것이다. 즉, 미래 검술의 발전은 무궁무진한 것이다. 필자의 "호신검술의 개발"은 이러한 '창의적인 입장'의 결과이다.

검술의 적용범위와 스포츠

•

세상만사가 그렇다. 모든 이론, 주장, 원리, 정책, 제도, 의사결정, 기술, 지식 등은 모두 그 적용조건과 한계를 고려하여야 한다는 것이다. 즉, 적용범위의 문제이다. 언제 어디서나 상황변동과 관련 없이 한결같이 똑같이 적용되는 만고불변의 진리는, 추상적인 신의 세계에서는 몰라도, 구체적인 인간 세상에서는 거의 존재하지 않는다는 것이 맞다. 따라서 어떤 경우에서의 진리도 이 적용범위를 벗어나거나 확대적용되면 그 타당성을 잃고 비진리가 되고 만다.

검술에 대한 원리도 마찬가지이다. 그 적용조건과 한계를 벗어나면, 즉, 그 적용범위를 벗어나면 이 검술의 진리성과 타당성을 보증하지 못하고 거의 별 의미가 없게 된다는 것이다. 이를테면, 적용범위가 벗어나, 스포츠로써 검술과 검술 사이의 실력 비교가 아니라, 마치 칼과 창 어느 쪽이 싸움에 유리한지를 따지는 꼴과 마찬가지 경우다. 검술의 선수들 상호 간에는 소지한 무기 수단인 칼이 같거나 최대한 비슷해야 한다는 제한된 조건하의 적용범위 안에서의 경기만이 의미가 있다는 뜻이다. 당연히, 다른 무술 및 무기들 사이, 그리고 이들의 다양한 결합형태 사이의 상호우월성에 대한 비교연구와, 반면에, 똑같은 칼 하나를 다루는 검술동작들 사이의 차이에 관한 연구는 근본적으로 서로 다른 차원의 경쟁 영역인 것이다.

이 적용범위의 문제는 검술과 스포츠의 성립 여부와도 깊이 관련된다. 그리고 언제나 이 문제는 스포츠 성립에 큰 딜레마를 낳게 하고 있다. 검술스포츠의 성립조건은 안전성 제약뿐만 아니라, 오직 검을 다루는 동작들의 실전적 비교우위 접근의 목적을 위해서도 똑같은 검의 소지의 검술동작으로 제한한다는 한계가 붙는 것이 옳다.

실제로, 검술의 진짜 실전성을 더욱더 높이기 위해서는 다른 분야의 수단과의 결합이 불가피할 것이다. 상대의 허점이 보일 때, 왜 주먹으로 공격하면 안 되는가? 상대가 허점이 보일 때, 왜 발차기가 들어가면 안 되는가? 상대의 허점이 보일 때, 왜 엎어치기가 들어가면 안 되는가 등등의 유혹과 의문을 느낄 것이다. 검술을 태권도, 합기도, 유도, 레슬링, 격투기 기술과 결합, 검술을 더 좋은 칼, 더 가볍고 더 강한 칼, 이도류 소지, 방패사용, 삼지창, 쌍절곤과 철퇴의 활용, 권총병행사용 등의 수단들과의 결합, 그리고 검술을 철가면, 철모, 앞뒤그물망갑옷, 손목 팔을 철로 감싼 장갑 등과의 결합 등은 분명 실전성을 더욱더 높일 것이다. 이러한 접근은 특전군사용도로는 분명 고려할 필요가 있을 것이다.

그러나 이러한 접근은 실전성은 매우 높은 반면, 정의로운 스포츠 정신과는 점점 멀어질 것이다. 그리고 순수한 검술만의 실력 차이도 도저히 알 수 없게 될 것이다. 스포츠검술도 실전성에 최대한 가깝게 시뮬레이션 해야 하는 것은 분명히 옳지만, 실전성 추구와 검술스포츠정신 사이의 딜레마는 반드시 확실히 해결되어야 한다.

스포츠검술은 언제나 양 선수 사이에 똑같은 죽도 칼을 소지하고 똑같은 호구호면호환을 사용하며, 양 선수 모두 여기에 다른 수단과 결합시키지 말아야 한다. 즉, "스포츠검술은 무조건 똑같은 조건 하에서 실력경쟁을 해야 의미가 있다"라는 것이다. 물론 현실적으로 100% 완벽하게 같게 만드는 것은 불가능하겠지만, 가능한 최대한 똑같게 만드는 노력을 해야 할 것이다. 만약에, 우선 검술경기에 칼과 호신장비가 같지 않으면, 이것은 시합이 아니라 흥밋거리의 장난이나 오락일 뿐이다. 즉, 스포츠 영역을 떠난 것이다. 이러한 똑같은 제약 조건을 조금씩 달리할 때마다, 아마도 여기에 관하여 새로이 약 수백 혹은 수천 개 이상의 기술들이 더 개발될수 있을 터인데, 대개 이것들을 모두 무시하고, 대충 생각나는 대로 간략히 비교하거나 이야기하게 되기 때문이다. 이를테면, 필자는 검도시합에서 의도적인 몸받음의 몸기술을 어느 정도 허용하거나 이도류 사용을 의아스러운 눈으로 보고 있다.

한가지 예로, 만약에 검도시합에서, 상대방을 의도적으로 밀어서 상대방 몸의 균형을 무너뜨리는 것, 혹은 더 나아가, 태권도, 유도, 레슬링, 씨름 등 어떤 종류의 몸기술이나 검이 아닌 몸의 잇점을 노골적으로 이용하는 것(예를 들면, 압도적인 몸무게로 몸충돌, 머리충돌공격 등)의 경우가 있다면, 이것은 선수들 사이의 순수한 검술의 실력차이를 왜곡시키고, 상대방의 부상을 유발케 함으로, 반드시 반칙 혹은 실격으로 처리하여야 마땅하리라고 본다.

흔히 많은 검도인들이 일본의 카나타 칼을 사용하는 일본검술과 롱소드를 사용하는 서양펜싱을 비교하기도 한다. 서양펜싱은 찌르기 위주인 반면, 일본검술은 베기 위주이다. 추측건대, 서양 펜싱은 철가면과 철투구, 가벼운쇠그물망갑옷, 철장갑등의 보호장비와 큰 방패소지의 여건하에서 발달된 것이리라고 본다. 그래서 서양펜싱과 일본검술의 단순 비교는 검리상 공정성의 모순을 갖는다. 이처럼 선수 간 조건이 같지 않은 상태에서도 경쟁력을 논할 수는 있겠으나, 즉흥적일 경우, 사실상 거의 의미가 없다고 본다. 다른 종류의 무기와 보호장비를 소지했을 때의 상호 경쟁력 비교는 결코 검술의 연구가 아니라 별도의 다른 영역의 연구일 것이다.

호신검술의 이 책에서는 선수 간 똑같은 조건 하에서의 순수한 검술의 경쟁력이 아니면, 논의에서 배제하기로 한다. 그래야만 호신검술이 검술스포츠로서 공정한 경쟁의 정당성을 확보할 수 있기 때문이다.

이 책에서, 필자는 검술에 대한 논의의 범위에서 검도의 도덕적 판단의 정신적 문제를 일단 배제시키고 단지 과학적인 검술의 기술의 문제만을 다루기로 구상하였다. 더 나아가 서로 들고 있는 칼이 똑같다는 전제 하에 논의로 국한하였다.

여기에 추가로, 선수들이 각각 소지하고 있는 칼의 종류뿐만 아니라 각종 무기의 종류, 크기, 길이, 무게, 갯수, 그리고 방패여하, 갑옷착용여하 및 그 종류 등에 따라서도 검술에 대한 이야기가 상당히 달라진다고 보았다. 우선, 선수 쌍방의 칼이 서로 달라지기만 해도, 그 경우의 수가 무궁무진해지고 공정성을 위한 그 논의가 끝이 없다.

이와같이 쌍방의 조건이 같거나 비슷하지 않으면 호신검술에 대한 이야기도 차원이 완전히 달라지고 복잡하게 된다. 선수 상호 간

칼의 길이와 무게가 거의 같거나 비슷한 장칼이나 혹은 단칼로 그 범위를 제한하여야 쌍방의 호신검술 실력의 상호비교가 가능해지고 의미가 있다는 것이다.

현행, 공인검도에서 경기 때에 이도류의 등장을 허용하기도 하지만, 이것은 필자 개인적 소견으로는, 검리상 옳은 접근이 아니라고 본다. 장칼 단칼의 선수가 평소에 이러한 이도류의 상황을 전제하는 훈련을 대개 제대로 한 적이 없을 뿐만 아니라, 선수 사이의 칼의 소지 상황도 다르기 때문이다. 아마도 이도류는 이도류끼리 붙어야 옳다. 그밖에, 또한 태권도, 복싱, 유도, 레슬링, 씨름 등의 몸기술의 검술과의 결합 및 병행사용도 역시 배제하여야 한다. 호신검술은 오직 순수하게 똑같은 칼로서만의 검술동작으로 비교우위의 승부를 거는 스포츠라야 정당하다.

호신검술에서 몸기술의 잇점과 위력의 증진을 필자도 당연히 인정하고는 있지만, 이러한 몸기술 배제의 조치는 오직 호신검술만에 의한 순수한 실력 차이에 다른 요인들이 개입된 심판 결과의 오염을 막기 위함이다. 그리고, 이것이 아니면, 올바른 검술동작 및 그 접근방법이 근본적으로 달라지고 또한 매우 난해해지며, 그 공정성 및 기술의 논의의 범위가 거의 무한대로 확대될 것이기 때문이다.

흔히 호신능력에 대한 지나친 유혹 때문에 검술 이외의 다른 요인들을 자꾸만 검술과 결합시키려는 시도를 하려고 하는데, 그 동기는 충분히 이해하나, 검술심판의 공정성을 엉망으로 만들고 호신검술스포츠를 망가뜨리는 원인이 될 것이다. 이러한 시도는 호신검술의 영역과는 별도의 영역에서 따로 다루어져야 옳다고 본다.

예를 들어, 매우 덩치가 큰 사람이 몸받음을 했을 때, 상대편의 몸이 튕겨 나가 균형을 잃었고, 이때 덩치 큰 사람이 상대를 성공적으로 격자했다고 치자. 이 승자는 큰 덩치 때문에 이겼을까? 아니면 검술의 실력차이 때문에 이겼을까? 이러한 경우, 큰 덩치 때문에 이긴 가능성을 최대한 없애고 오직 검술의 실력차이 때문에 이기도록 설계하는 것이 올바른 검술스포츠의 방향이 될 것이다. 몸이용의 실력차이가 아니라, 검술의 실력차이가 되어야 검술심판의 왜곡을 막을 수 있는 길이 될 것이다. 따라서, 필자의 견해로는, 몸받음으로 상대의 몸균형을 무너뜨린 후 상대를 공격하는 것은 검리상 반칙으로 처리함이 옳다고 본다. 순수한 검술의 실력차이를 왜곡시키기 때문이다. 스스로 균형을 잃고 넘어지는 경우는, 쓰러진 당사자가 실점의 대상이 되어야 하겠지만, 몸기술로 의도적으로 상대를 넘어뜨리는 경우는 명백히 반칙으로서 반드시 이 몸기술을 사용한 자에게 실점을 주어야 한다고 본다.

선수 양쪽 모두 최대한 똑같은 조건을 만들어서, "오직 호신검술의 기술적 차이에 의해서만 상호 간 실력차이의 심판결과가 나오도록 설계하면 더욱 바람직한 호신검술스포츠가 될 것이다." 이것은 마치 과학적인 실험(experiment)의 실험집단과 비교집단을 최대한 똑같은 조건 하에 두는 변수통제(variable control)를 함으로써, 독립변수와 종속변수 사이에 제3의 변수가 개입되는 결과 오염을 방지하고 가장 순수한 순금과도 같은 인과관계(causality)만을 추출하려는 과학적 접근방법과 비슷하다고 볼 수 있다.

많은 다른 요인들과의 결합에 의한 호신검술의 넓은 범위는 비록 그 호신의 발전된 강력한 효과를 인정한다고 할지라도, 이것은 여기에서 필자가 도저히 감당하기 어려운 수준일 뿐만 아니라, 또한 필자의 관심 사항도 아니다. 그래서 필자는 호신검술스포츠와 종합호신술을 구분하고자 한다. 그리고 이러한 종합호신술은 앞으로 아마도 수많은 연구자들이 함께 협력하고 공동 참여해야 할 대규모 미래의 연구프로젝트가 되어야 할 것이라고 본다. 이렇게 많은 다른 변수가 포함된 확대된 종합호신술에 대한 관심이라면, 차라리 "호신검술스포츠"의 영역으로 보다는 "특수군사훈련의 종합무술"의 영역이라는 또 다른 분야에서 이것을 별도로 적극적으로 다루면 더욱더 바람직할 것이다. 요즘 이 양자 간의 경계선을 놓쳐서, 수많은 검도인들이 정신적 혼란을 겪고 있는 듯하다.

06

자세의 근본원리

•

검술의 출발점은 자세이다. 자세가 올바르면 방어와 공격이 더욱더 유리하기 때문이다. 그뿐만 아니라, 상대방의 격자에 대항하여 언제든지 역공할 수 있는 가능성을 높인다. 그러면 옳은 자세와 잘못된 자세를 구분하는 판단기준은 무엇일까? 수많은 사람들이 올바른 자세를 다양하게 제시하지만, 먼저 자세의 근본원리를 생각해 보는 것이, 여기에 대한 정답을 찾을 것 같다.

필자의 소견으로, 옳은 자세란 "다음 동작을 가장 효율적으로 하기 위한 정적(靜的) 혹은 동적(動的)인 몸의 균형의 목적을 달성할 때"라고 생각한다. 여기서 다음 동작이란 언제 어디서든 어떤 상황이든 자기를 가장 잘 방어할 수 있고, 상대를 가장 잘 공격할 수 있는 동작들을 뜻한다. 일반적으로 중단자세가 이러한 정적인 동작의 균형조건을 충족하는 기본자세로서의 그 출발점이 될 것이다.

그런데, 각종 상황에 따라서 올바른 기본자세는 달라질 수 있다. 날씨가 맑거나 비가 옴, 안개, 바람, 밝고 어둠, 눈부신 햇빛, 땅의 경사도, 밑바닥이 질퍽하거나 울퉁불퉁한 정도, 공간의 넓이, 장애물들의 존재, 자기 몸의 특수한 상태, 상대하는 적의 수, 이도류사용 등등에 따라서 최선의 기본자세가 다를 것이다. 여기에도 경직성이 아니라 융통성이 필요하다.

그리고 자세에는 정적인 균형을 위한 자세뿐만 아니라, 동적인 균형을 위한 자세도 중요하다고 할 것이다. 이미 한 번의 격자나 방어의 동작이 이루어진 중간과정에서 그다음의 후속 연결하는 격자나 방어를 잘하기 위한 올바른 자세는 동적인 균형을 반드시 필요로 한다. 물론 이때는 정적인 중단자세가 아닌 다양한 진행 중의 동적인 자세 중에서도 균형을 유지할 때 최선의 자세가 될 수 있다. 동적균형을 위하여 첫째로, 호흡부터 안정시켜야 한다. 호흡이 가쁘고 몸이 비틀거리거나 흔들려서 균형을 잃은 동적인 자세의 상태로는 절대 정확하고 빠르고 강한 격자나 방어를 할 수 없다. 둘째, 자세를 너무 앞으로 숙이면, 몸의 균형을 잃어서 광범위한 자유자재의 행동선택이 어렵다. 특히 양허리의 허점을 드러내고 또한 그 공격을 막아내기가 힘들다. 즉, 무게중심의 관리가 안될 정도로 어느 한쪽으로 치우치면 안 된다는 뜻이다. 셋째, 스텝이 자유자재로 유연해야 한다. 두 발이 동시에 공중 부양하는 경우는 스텝이 꼬인다. 이때는 넘어지기 쉬울 것이다.

그러므로 몸의 균형은 정적이든 동적이든 대결의 처음부터 끝까지 끊임없이 변화무쌍하게 연결되면서 유지되어야 함이 옳다. 따라서 가령, 어느 선수가 자기 스스로 넘어진다는 것은 자기 몸의 균형을 잃는다는 중대한 사건이므로, 상대방이 계획적으로 힘껏 밀지 않았는 한, 이 선수의 실력의 부족으로 해석되어 실점을 인정함이 옳다고 본다.

그리고 이미 언급했지만, 특히 사람마다 체형과 그 특징이 다르므로, 각자에게 가장 맞는 최선의 올바른 자세가 천편일률적으로 같을 수는 없다. 이를테면, 팔과 손목이 붙은 각도의 차이, 오형다리, 허리의 굽은 정도, 평발, 팔길이, 몸의 부위별 근육 발달의 차이 등등이다. 그리고 바람직한 자세를 좀 더 넓게 생각해 보면, 정적이거나 동적이거나, 구체적이고 외형적인 신체적 전체 모습뿐만 아니라, 추상적인 정신집중, 시선, 호흡, 스텝동작, 칼 잡는 것, 몸놀림, 상대방 동작 및 각종 상황 등을 모두 고려한 "종합적 균형을 달성"해야 더욱 바람직할 것이다.

그리고, 여기 균형의 문제는 마치 인생의 축소판과도 같은 교훈을 준다. 세상 살아가는 동안 어떤 불행을 만날 때라도, 절망하거나 당황하여 비이성적 극단적인 행동을 하지 않고, 오히려 빨리 그 충격을 흡수하여 침착하게 삶의 균형을 되찾고, 그다음 단계로 지혜롭게 잘 대처하는 모습과도 비슷하다.

07

시간, 공간, 각종 동작, 정신 등등의
여러 요인들의 최적 결합

●

검술은 자기의 칼이 상대의 칼을 이기는 경쟁력을 갖기 위한 시
간, 공간, 각종 동작, 전략, 마음가짐 등등의 여러 요인들의 최적
의 결합상태라고 볼 수 있다.

좀 더 구체적으로 이러한 검술의 체계를 구성하는 이 결합요인
들을 크게 정리해 보면, 첫째, 몸의 앞뒤이동, 둘째, 몸의 좌우이
동, 셋째, 격자의 몸 부위별 검술동작 종류, 넷째, 직접공격(공격검
술) 혹은 간접공격(호신검술), 다섯째, 페인트모션 여하, 여섯째, 거
리이용, 일곱째, 단칼공격 혹은 연속공격인가 등등으로 나누어 보
았다. 물론 이외에도 세부적으로 더 나눌 수 있을 것이다. 자기 자
신에 대한 경우뿐만 아니라 상대방의 경우와의 결합까지를 함께
생각하면 검술의 최적결합의 경우의 수는 아마도 수천 가지가 넘

을 것 같다. 이 결합요인들의 일부들은 이 장에서 논하지만 다른 일부들은 편의상 장을 달리하여 논하고자 한다.

1) 몸의 앞뒤이동

물론 몸의 앞뒤이동이라고 하더라도, 그 이동의 정도, 이동의 속도, 각도 등의 정도에 따라 더욱더 다양한 경우들로서 또다시 수 없이 세분화할 수 있을 것이다. 머리치기, 손목치기, 손목머리치기 할 때, 격자 후 앞으로 이동하는 경우가 있는가 하면, 퇴격으로 뒷이동하는 경우도 있다. 몸의 앞뒤이동 때에, 이를 위한 많은 스텝훈련이 중요하다.

그리고 항상 오른발이 앞에 놓여야 하는 것이 아니다. 오른발과 왼발의 위치는 필요에 따라 얼마든지 자유자재로 바꿀 수 있는 것 이 더욱 도움이 된다. 스텝이 느린 큰 스텝보다는, 빠른 작은 스텝 이 더욱 균형에 안정적이고 효율적이다. 호신검술은 몸의 앞뒤이 동에 있어서 공격검술보다 상대적으로 더욱 빠른 작은 스텝을 활 용한다.

2) 몸의 좌우이동

물론, 몸의 좌우이동이라고 하더라도, 그 이동의 정도, 이동의 속도, 각도 등의 정도에 따라 더욱더 다양한 경우들로서 또다시 수없이 세분화할 수 있을 것이다. 몸의 좌우이동 때에도 역시 많은 스텝훈련이 중요하다. 그리고 오른발이 먼저 움직여야 할 때도 있고 왼발이 먼저 움직일 때도 있다. 몸의 좌우 이동으로 검술동작의 다양성이 더욱 높아진다. 그리고 상대에 따라서는, 정면 대치 때보다는 측면 대치일 때 상대방의 허점들이 더욱 잘 보일 수 있다.

몸이 상대의 오른쪽으로 옮김은 상대의 오른쪽에서 상대를 공격하는 셈이 된다. 오른쪽으로 자기의 몸을 약간 회전하여 옮겨서, 상대의 손목, 손목머리, 허리, 머리를 공격하는 것이다. 그리고 격자 후에 몸의 전진의 앞이동 혹은 퇴격의 뒷이동과 각각 결합된다.

이렇게 1차 격자 후에, 만약 상대방이 역공으로 들어오면, 연속동작의 선방어후공격 방법으로서, 왼쪽허리막고머리치기퇴격, 오른쪽허리막고머리치기퇴격, 왼쪽손목막고머리치기퇴격, 오른쪽손목막고머리치기퇴격, 왼쪽손목막고손목치기퇴격, 오른쪽손목막고손목치기퇴격, 왼쪽손목막고손목머리치기퇴격, 오른쪽손목막고손

호 신 검 술

목머리치기퇴격, 오른쪽머리치기막고머리치기퇴격, 왼쪽머리치기막고머리퇴격, 머리치기막고윗머리머리치기퇴격 등등으로 대응할 것이다.

　자기 몸의 위치를 상대의 오른쪽에서 왼쪽으로 옮겨서 상대를 대응할 수가 있다. 몸이 상대의 왼쪽으로 옮김은 상대의 왼쪽편에서 상대를 공격하는 셈이 된다. 이렇게 좌우의 위치를 서로 바꾸어 이동을 할 때 필자가 자주 쓰는 방법으로는 두 가지가 있다.

　첫째는 상대가 머리치기할 때, 상대의 그 칼을 감으면서 오른쪽에서 왼쪽으로, 혹은 역으로 왼쪽에서 오른쪽으로 이동하는 경우이다. 이렇게 좌우로 자기 몸의 위치를 옮기는 과정에서 상대의 허점이 보이면, 머리스쳐막기머리치기퇴격, 머리감아막기머리치기퇴격, 머리감아막기허리치기퇴격, 머리감아막기손목치기퇴격 등등이 적용될 수도 있다.

　둘째는 자기가 상대를 향하여 상대의 왼허리치기를 할 때, 만약에 자기의 칼을 얕게 왼허리치기를 하면, 이후 상대의 왼쪽 위치에서 대응을 하게 되는 것이며, 만약에 자기의 칼을 깊게 왼허리치기를 하면, 이후 상대 오른쪽의 위치에서 대응을 하게 되는 것이다. 물론, 이와는 반대로, 자기가 상대를 향하여 상대의 오른허리치기를 할 때, 자기의 칼을 얕게 혹은 깊게 허리치기를 함에 따라 자기가 위치하는 지점이 왼허리치기 할 때와는 정반대가 될 것이다.

자기 몸을 상대의 왼쪽 방향으로 옮겨 조금 회전하면서, 상대의 머리치기 칼을 감아서 막기를 할 때 자기 칼이 지나가는 뒤쪽으로 상대의 칼이 다시 비스듬히 머리치기로 들어올 수 있다. 이때는 자기의 칼의 방향을 급히 바꾸어 이 두 번째의 상대로부터의 머리치기부터 막고 상대의 오른쪽허리치기퇴격으로 대처할 것이다. 만약에 상대가 또 머리공격을 시도하면, 상대로부터의 머리치기막고 상대의 왼쪽허리치기퇴격을 하면서 계속 반복 대응할 것이다. 이상의 각종 동작들은 좌우에 정반대로 똑같이 적용될 수 있다.

스텝이 느린 큰 스텝보다는 빠른 작은 스텝이 더욱 균형에 안정적이고 효율적이다. 호신검술은 몸의 좌우이동에 있어서 공격검술보다 상대적으로 더욱 작은 스텝을 활용한다.

그 밖에, 참고로, 이와 같은 몸의 좌이동 혹은 우이동은 상대편이 쌍칼 및 이도류를 사용할 경우 그의 칼 어느 한쪽을 무력화시킨 다음에, 유리하게 대응하는 유력한 접근방법이 될 수도 있다.

3) 우회전과 좌회전

회전의 각도의 정도에 따라 세부적으로 다양한 회전동작을 생각할 수 있다. 역시 스텝이 큰 스텝보다는 작은 스텝이 더욱 균형에 안정적이고 빠르고 효율적이다. 호신검술은 몸의 우회전과 좌회전에 있어서, 공격검술보다는 상대적으로 더욱 작은 스텝을 활용한다.

08

격자 몸 부위별 관련된
검술동작

●

격자 몸 부위에 따라 적절한 검술동작모형이 다르게 결정된다. 단위동작들의 모범은 한국 및 일본의 공인검도에서 가르치는 "본국검법"과 "검도본"에서 매우 잘 나타나 있다. 이것들은 과거로부터 전수된 아주 우수한 검술동작연구의 결과들이라고 생각한다. 이것으로써 자신의 검도 동작의 가능 범위를 어디까지로 할 수 있는지를 판단하는데 도움을 받는다. 그뿐만 아니라, 자기의 검술동작들이 스텝을 포함하여 과연 올바른지 혹은 틀렸는지 판단이 알쏭달쏭할 때, 이를 확인, 대조하여 교정할 수 있는 좋은 기준이 될 것이다.

필자는 개인적으로, 본국검법이나 검도본에 나타난 모든 검술동작들은 평소에 자주 "족보가 있는 검술동작"이라는 표현을 쓰기도 한다. 그러나, 아무래도 최근 공인검도에서 매우 중요시되고 있는 "윗머리작은머리치기직진의 표준동작모형"은 검리상에 문제가 너무 심각하여 도무지 족보가 있는 동작이라고 보기가 어렵다고 개인적으로는 판단하고 있다. 앞으로 이러한 문제점을 계속 논할 것이다.

그리고 대체로 본국검법은 1대 다수, 검도본은 1대 1의 검술동작의 특징을 갖는다고 할 것이다.

검술동작은 자기의 행동일 경우와 상대방의 행동일 경우가 있다. "올바른 검술동작이란 반드시 쌍방의 상대적 행동관계에서 결정되는 것이다". 따라서, 오직 혼자서 시연하는 모든 검술동작들은 아무리 그럴듯하게 보여도, 상대방의 행동을 도외시하거나 주로 정지한 것으로만 가정한 일방적인 검술 행위일 경우는 별 의미가 없다. 이것들은 대개 자신의 기초수련운동 혹은 검을 휘두르는 근육운동 정도 외에는 올바른 검술동작의 기술적 수준의 평가로는 거의 무의미하다고 본다.

1) 목찌르기

중단자세에서 짧은 검선 직선을 따라 자기의 몸과 칼이 움직이는 것은, 공격과 방어를 위하여 동시에 사용되는 매우 유리한 검술동작이다. 최고의 기본검술은 바로 이러한 중단자세와 목찌르기라고 할 것이다. 아마도 가장 중요한 검술동작으로서, 검술동작의 '알파요 오메가'라고 평가해도 과언이 아닐 것이다.

"중단자세 및 목찌르기의 정확한 중앙검선은 매우 유리한 점이 많다." 양쪽 선수가 동시에 목찌르기에 들어갈 때, 이 중앙검선을 차지한 쪽은 격자할 수 있으나 이 중앙검선을 놓친 쪽은 격자에 실패할 것이기 때문이다. 따라서 양쪽 선수는 이 중앙검선을 두고 서로 차지하려고 당연히 치열하게 경쟁하게 된다. 그러나 이러한 상황에서 선수의 칼의 각각의 위치에 따라서 적절히 대응하는 다양한 검술동작이 대체로 정해질 수 있을 것이다(다만, 상대의 칼을 피하면서 대응하는 검술동작은 상대의 칼의 어느 동작의 경우에나 공통으로 관련되기 때문에, 여기서는 복잡성을 피하기 위하여 그 서술을 생략하기로 한다).

첫째, 자기가 상대의 칼을 누르고 그 중앙검선을 자기가 차지했을 경우. 그리고 자기의 칼이 자기의 오른쪽에 위치할 경우.

- ▶ 상대를 향한 목찌르기, 머리치기.
- ▶ 목찌르기나 머리치기하는 듯하다가 상대방의 오른손목치기퇴격, 오른손목머리치기퇴격, 오른허리치기퇴격, 왼허리치기퇴격, 왼손목치기퇴격, 왼손목머리치기퇴격.
- ▶ 왼허리치기 하는 듯 하다가 스쳐머리치기퇴격.
- ▶ 오른허리치기 하는 듯 하다가 스쳐머리치기퇴격.
- ▶ 상대방의 오른손목치기하는 듯 하다가 다시 스쳐머리치기퇴격.
- ▶ 상대의 칼을 더욱 눌러 그 반동의 반대편으로 오른허리치기퇴격, 오른손목치기퇴격, 오른손목머리치기퇴격.
- ▶ 자기의 오른쪽 방향으로 공격하는 상대방으로부터의 허리치기나 손목치기를 막고 목찌름퇴격 혹은 머리치기퇴격, 오른손목치기퇴격, 오른 손목머리치기퇴격, 그리고 이때 자기가 머리치기 할 때, 스쳐머리치기의 상대편 공격을 다시 스쳐머리치기퇴격 등등.

둘째, 상대가 자기의 칼을 누르고 그 중앙검선을 상대가 차지했을 경우. 그리고 자기의 칼이 자기의 오른쪽에 눌려 위치할 경우.

▶ 자기를 향한 상대로부터의 목찌르기는 살짝 걷어올리면서 자기도 목찌르기로 역공,

▶ 상대로부터의 머리치기는 살짝 걷어올리며 머리치기 역공,

▶ 상대로부터의 머리치기를 살짝 걷어올리면서 상대편의 왼허리치기퇴격을 하거나 이때 재공격해 오는 머리치기에 대하여 스쳐머리치기퇴격,

▶ 상대로부터의 머리치기를 막고 오른허리치기퇴격,

▶ 이때 오른허리치기를 하는 듯 하다가 재공격해 오는 상대로부터 머리치기에 대하여 스쳐머리치기퇴격을 한다.

▶ 상대로부터의 머리치기에 대하여 스쳐머리치기퇴격.

▶ 자기를 향한 상대로부터의 자기의 오른손목치기나 오른허리치기로 들어오면, 자기의 칼로서 상대의 칼을 감으면서, 자기의 몸을 자기의 왼쪽으로 옮김과 동시에 자기의 몸을 약간 오른쪽으로 회전시키며, 목찌르기퇴격, 머리치기퇴격, 오른손목치기퇴격, 오른손목머리치기퇴격 등으로 대응한다.

▶ 상대가 자기의 왼손목치기나 왼허리치기로 들어오면, 이를 바로 막고 목찌르기퇴격, 왼손목치기퇴격, 머리치기퇴격, 왼손목머리치기퇴격 등으로 대응한다. 등등.

호 신 검 술

셋째, 자기가 상대의 칼을 누르고 그 중앙검선을 자기가 차지했을 경우. 그리고 자기의 칼이 자기의 왼쪽에 위치할 경우.

▶ 첫째의 대응 동작들과 거의 같다. 다만, 좌우의 방향만 다를 뿐.

넷째, 상대가 자기의 칼을 누르고 그 중앙검선을 상대가 차지했을 경우. 그리고 자기의 칼이 자기의 왼쪽에 눌려 위치할 경우.

▶ 둘째의 대응 동작들과 거의 같다. 다만, 좌우의 방향만 다를 뿐.

다섯째, 어느 쪽이든 상대의 칼을 강하게 눌렀을 때, 상대의 칼에 눌리지 않으려고 반발하는 경우, 이때의 복원력을 이용하여 복원되는 반대의 방향으로 스쳐머리치기, 허리치기퇴격, 손목치기퇴격, 손목머리치기퇴격 등등의 기회가 만들어진다. 오른쪽 왼쪽 모두 마찬가지이다.

여섯째, 상대편의 칼을 어느 방향으로 유도하기 위하여 전략상 자기의 칼을 중앙검선에서 벗어나 일부러 눌림을 당해주는 수도 있다. 이러한 상대편의 기만술도 함께 유의하여야 한다. 오른쪽 왼쪽 모두 마찬가지이다.

중단자세에서부터 목찌르기의 중앙검선에 대한 인식은 가장 기본이다. 따라서, "일차적으로, 자기를 향한 상대방의 목찌름 공격의 가능성을 망각한 모든 자기의 검술동작은 언제나 자신의 호신 허점을 근본적으로 내포했다고 볼 수 있다". 그러므로 이점을 무시한다면 큰 잘못이다.

목찌름은 자칫하면 큰 부상을 유발할 수도 있다. 따라서, 이 경우, 자기가 올바른 자세를 유지 못하면, 혹은 상대의 목찌름 자세가 정확하지 않을 때는, 더 크게 다칠 수도 있다.

여기에 덧붙이면, 이것은 어떤 자기의 격자동작의 전후로도, 상대를 반드시 정면으로 바라봐야 하는 이유가 되기도 한다. 그렇지 않으면 상대가 옆에서 비스듬히 자기를 공격하는 수도 있다. 더군다나, 자기가 상대를 정면으로 바라보지 않을 때, 상대가 자기를 향한 목찌르기 시도하면 부상당할 위험이 더 크다. 그리고 측면의 목찌르기 외에도 측면의 머리 뒤통수를 맞을 위험도 크다. 특별히, 상대가 머리치기를 공격해 들어올 때, 머리를 뒤로 젖히며 피하려는 동작은 매우 위험하다. 만약에 이때 강한 정면 목찌르기 공격을 당한다면 어찌될 것인가?

아주 절호의 기회가 아니면 자기가 먼저 목찌르기를 하지 말 것이다. 그리고 반드시 상대가 자기를 공격하기 위하여 가까이 다가올 때 할 것이며, 상대가 자기의 목찌르기 의도를 전혀 사전에 전혀 눈치채지 못하게 해야 성공하기가 쉽다. 따라서, 무의미하거나 성공의 확률이 지극히 낮은 목찌르기 시도는 자제하는 것이 좋을 것이다. 즉, 상대편이 목찌르기를 전혀 예상하지 못했을 상황일 때 시도하는 것이 바람직하다.

그리고 상대가 목찌르기로 들어올 때, 칼을 감아서 반격하든지, 혹은 칼을 막거나 살짝 걷어 올리며 반격할 것이다. 상대의 목찌르기의 칼을 감아서 막으려고 하면, 자기의 손목을 역공당하는 수가 있음을 주의하여야 한다. 따라서 상대편보다 중단자세의 위치를 낮추면 낮출수록 유리하다. 이때 상대의 목찌르기를 위로 살짝 걷어 올리면서 역공으로 목찌르기 하기가 더욱 쉬워진다.

자기가 상대를 향해 목찌르기 할 경우, 상대편은 자기의 칼을 조금 위로 걷어 올리면서 다시 목찌르기로 자기를 역공하든지, 상대편이 자기의 칼을 막아내고 역공하든지, 상대편이 자기의 목찌르기의 칼을 감아서 반격하든지, 혹은 상대편이 자기의 목찌르기 칼을 뒤로 조금 물러나면서 피하고 역공할 것이다.

자기의 손목의 위치를 최대한 낮추면서 상대를 향해 목찌르는 수련이 많이 필요하다. 왜냐하면 목찌름을 위하여 자기 팔을 들어 올리는 순간, 대개 손목을 역공당하기 때문이다. 그리고 반대로, 상대가 목찌르기하면 대개 거의 자기의 팔을 들어 올리게 된다. 따라서, 상대가 목찌름 공격을 할 때마다, 자기가 놀라서 반사적으로 손목을 들어 올리지 않도록 역시 많은 수련을 해야 할 것이다. 이런 자기의 반사신경 행동 때문에, 때때로 상대가 목찌르기를 시도하는 척하다가 손목을 치는 기만술을 쓸 수도 있다.

2) 머리치기

머리치기에는 "큰머리치기"와 "작은머리치기"의 두 가지가 있다. 그리고 머리치기를 한 후에 앞으로 "직진동작"하는 경우가 있는가 하면 "퇴격동작"으로 뒤로 빠지는 두 가지 경우가 있다(이후, 이 경우에 머리치기직진이나 머리치기퇴격으로 표시하고자 한다). 기타 여기에 더 부연하면, 머리치기는 자주 목찌름, 허리치기, 손목치기를 위한 페인트모션과도 결합될 수도 있다.

대개 검술동작이 큰 큰머리치기보다는, 검술동작이 작은 작은머리치기가 더 빠르고 효율적이다. 큰 검술동작을 많이 연습하면 작은 검술동작을 하기가 매우 쉬워지겠지만, 그렇다고 해서 큰 동작이 습관이 되어서는 다소 불리해지는 경우도 많을 것이다.

그리고 머리치기라도 더 격자부위의 관점에 따라서 더 세부적으로 나누어 보면, 윗머리머리치기, 이마머리머리치기, 비스듬한 오른쪽머리치기, 비스듬한 왼쪽머리치기로 나눌 수 있다. 그 밖에 머리치기의 강도, 각도에 따라 더욱 상세하게 고려할 수 있는 점이 있을 것이다.

필자는 여기에서 논의의 필요에 따라 자의적으로, 작은머리치기를 또다시 "윗머리작은머리치기"와 "이마머리작은머리치기"의 크게 둘로 나눈다. 윗머리작은머리치기는 격자 직후 직진동작과 결합되고, 반면에, 이마머리작은머리치기는 격자 직후 퇴격동작과 결합된다. 다만, 몸받음 상태에서만큼은 예외로 상호 간 거리가 너무 짧아서 윗머리큰머리치기가 자주 퇴격동작과 결합된다.

대개 먼 거리에서 공격을 시도하는 윗머리작은머리치기는 격자 후 직진으로 전진하는 경우가 많고, 반면에, 이마머리작은머리치기는 격자 후 퇴격하는 경우가 더 적절하다고 할 것이다. 즉, 윗머리작은머리치기는 격자 후 몸을 계속 앞으로 나가는 경우와 상호적합적 관계를 갖는 반면에, 이마머리작은머리치기는 격자 후 퇴격으로 몸을 뒤로 빠져나가는 경우와 상호적합적 관계가 있다. 이때, 퇴격동작의 경우는, 똑바로 뒤로 나가는 경우와 오른쪽, 혹은 왼쪽으로 비스듬히 뒤로 빠져나가는 경우 모두에 해당된다. 다만, 예외적으로, 몸받음 상태에서의 윗머리큰머리치기 직후의 퇴격은, 이마머리작은머리치기 직후의 퇴격을 하기에는 칼의 이동거리가 너무 짧고 이것으로 머리치기의 격자의 힘이 생기지 않기 때문에, 이때만큼은 불가피하게 윗머리큰머리치기임에도 불구하고 퇴격으로 이어질 것이다.

　윗머리작은머리치기와 이마머리작은머리치기의 상호 장단점을 더 상세히 비교하여 살펴보자. 필자가 최근 보기에, 윗머리작은머리치기를 하고 앞으로 빠져나가는 전진동작은 사실상 가장 문제가 매우 많은 공격의 동작임에도 불구하고, 이러한 머리치기 검술모형에 관하여 흔히 이것이 최고라고 생각하며 다른 검술의 영역을 상대적으로 소홀히 하는 검도인들이 일반적으로 너무나 많은 것 같다. 이것은 매우 놀라운 일이 아닐 수 없다.

　필자 본인의 생각으로는 호신검술의 차원에서, 가급적이면 윗머리를 치고 몸이 앞으로 나가는 작은머리치기 보다는, 오히려 이마머리를 치고 퇴격으로 나가는 것을 더욱 권하고 싶다. 왜냐하면 머리위작은머리치기는 격자 및 직진하면서 존심없이 상대편의 몸과 아주 가까이 지나가거나, 자기의 시선을 끊고 자기의 등을 상대에게 보이게 되지만, 반면에, "이마머리작은머리치기 직후에 퇴격으로 빠지는 경우는 자기의 시선을 처음부터 끝까지 상대를 향하여 계속 주시하며 끊지 않는 장점이 크다."

　만약에 자기가 머리치기를 시도한 직후 직진하면서, 결국 상대방에게 자기의 등 뒤를 보이는 것은 큰 잘못이다. 그리고 검술에서 자기의 시선 및 시야를 절대 한순간도 무조건 상대방을 향하여 놓쳐서는 안 된다. 이것은 매우 중요한 철칙이다. 그런데, 멀리서 빠르게 달려들며 머리치기를 하고 상대편 몸 가까이 지나쳐서 앞으로 향하여 빠져나가는 머리치기는 이러한 철칙에 근본적으로 위배되는 큰 잘못을 저지르는 것이다. 이렇게 자기의 시선이 끊기는 것은 마치 눈 감고 운전하는 것과 흡사하다.

뿐만 아니라, 이때, 만약 상대방이 자기의 머리치기 시도를 성공적으로 방어하면, 그 다음에는 상대방이 자기를 역으로 공격할 수 있는 허점들은 너무나 많이 노출하게 된다. 윗머리작은머리치기는 상대가 자기의 윗머리작은머리치기의 칼을 막거나, 감거나, 피하고 나면 오히려 상대에게 속수무책으로 역공을 당하게 된다. 또한 윗머리작은머리치기는 대개 상호 간 불확실한 단순 스피드경쟁에 상격으로 돌입하게 되는 경향을 보인다. 대개 승단시험이나 검술시합에서 현행의 심판관행이 이런 머리치기의 근본적인 허점들을 잘 이용하여 역공격한 선수에게는 대체로 유리한 점수를 거의 주지 않기 때문에, 이러한 윗머리작은머리치기직진의 검술의 문제점들이 철저히 은폐되고 있을 뿐이라고 생각된다.

그 밖에 문제점으로는 상대의 머리 위를 치고 직진하는 윗머리작은머리치기 경우는 자신의 손목이 어깨 수준까지 많이 올라오고, 또한 상대의 윗머리를 칠 때의 그 거리가 상대적으로 멀기 때문에 자기 팔을 쭉 뻗어야 된다. 이때에 흔히 상대편으로 하여금 자기를 향한 손목치기에 쉽도록 자기의 취약한 팔과 손목의 위치의 약점을 노출하게 된다. 왜냐하면 자기가 상대의 윗머리를 칠 때면 자기의 손목이 올라가 방어가 더욱 힘들어지고, 자기 손목을 향한 역공을 당하기가 더욱 쉽다. 그리고 머리 위의 지점은 이마보다 자기 칼이 상대에게 더욱 가까이 가서 공격해야 하기 때문에 공격 시간이 더 걸리고 또한 자신의 약점이 여러 가지로 더 많이 노출된다. 즉, 손이나 팔이 가까운 거리에서 너무 높이 올라가는 것은 약점이 그만큼 많아지게 되는 것이다.

반면에, 상대를 향한 이마머리작은머리치기를 하는 경우에는 손목이 배꼽 가까이 상당히 낮아도 가능하기 때문에 자기의 손목이 윗머리작은머리치기 보다 더 잘 보호된다. 작은머리치기를 할 때, 격자 목표지점까지 거리가 상대적으로 좀더 짧은 이마머리를 치는 것이 더 유리할 것이다. 그리고 이마머리작은머리치기는 목찌름의 중앙검선을 따라가다가 손목을 최대한 낮추면서 이마머리를 친다. 그러나 윗머리리작은머리치기는 이러한 목찌름의 중앙검선을 쫓지 못한다.

그리고 윗머리작은머리치기는 매우 빠른 원거리 공격방식이므로 넓이뛰기를 하듯이 긴 점프의 충격으로 무릎을 다칠 가능성이 크다. 이러한 윗머리작은머리머리치기는 검도인들이 나이가 들면 도저히 따라가기가 힘든 접근방법이며, 또한 지면이 울퉁불퉁하거나 좁은 공간에서는 거의 무용지물의 검술이 될 것이다.

물론, 윗머리작은머리치기의 경우도 아주 완벽한 좋은 기회를 만나면, 그러한 문제점들이 무방할 것이다. 그러나 대개는 윗머리작은머리치기는 기회를 포착하지 못했음에도 불구하고 오직 자기 스피드만 믿고 무리하게 시도하는 경향이 있다.

원래, 검술에서 두 발이 동시에 지면과 떨어진 공중 부양은 잘못이다. 윗머리작은머리치기직진은 가급적이면 멀리 몸을 날리는 1단계 동작의 공격검술이므로 불가피하게 이러한 공중 부양의 단점 및 모순을 내포하고 있다. 이는 마치 농구의 롱슛이나 축구의 롱킥과 논리가 유사하다. 성공률이 매우 낮고 너무 모험적이다. 마치 사슴이 펄쩍 뛰듯이 보폭을 크게 하여 날아가듯 하는 이러한 공격은 옳지 않다. 만약에 이 경우 상대방의 목찌름에 걸리면 이러한 머리치기 공격자는 아마도 병원의 중환자실로 직행해야 할지도 모른다.

오히려, 짧은 보폭으로 상대에게 다가가 공격하는 것이 더 훌륭한 고난도 기술이다. 이것은 마치 축구에서 롱킥보다는 골문전까지 공을 몰고 가서 아주 가까이서 골인하는 것이나, 농구에서 롱슛하는 것보다는 드리블로 바스켓 바로 밑까지 가서 아주 가까이서 득점시키는 능력을 더 높게 평가하는 것과 같다. 지나친 어느 큰 격자동작 후에 균형을 잃고서, 심지어 상대의 움직임에 대한 시선마저 놓치거나 동시에 머리를 숙이면, 자기의 뒤통수나 머리 옆을 격자당할 수가 있다. 이때, 역시 부상당하거나 크게 고통스러울 수 있다.

필자의 개인적인 견해로는, 이렇게 문제가 많은, 즉, 기존의 모순적 검리를 크게 내포하는 윗머리작은머리치기직진의 검술모형만을 중시하고 이것만을 주로 연습하며 다른 검술모형에는 매우 소홀한 검도인들이 많은 것 같다. 이들은 아무리 오랫동안 열심히 검도 수련을 했다고 하더라도, 안타깝지만, 호신검술의 관점에서 보면, 사실상은 검도를 거의 하지 않은 것과 다름이 없다고 생각된다.

필자는 평소에 이러한 머리치기 검술모형의 문제점들에 관해 관심이 너무나 많아서, 검도전문인이 분명히 코칭하여 제작했으리라고 예상하는 거의 모든 검술영화의 액션들을 면밀히 관찰해 왔다. 그러나 공인검도에서의 "윗머리작은머리치기직진의 표준동작모형"을 그대로 보여주는 액션을 아직 한 번도 발견한 기억이 없다. 왜 그럴까? 아마도 이 머리치기 검술모형은 자연스러운 인간의 방어본능의 원리에 너무나 위배되는 검리이기 때문이 아닐까 생각한다. 또한 이러한 머리치기 검술모형은 스포츠와 실전 사이가 너무나 상호 단절되어 가는 현상 때문이 아닐까 생각한다.

그리고 이상의 공격검술에서의 머리치기에 대한 검리논쟁은 호신검술을 개발하기 위한 근거로서 매우 중요하다고 생각하기 때문에, 다음의 'II. 호신검술의 특징'이라는 장의, '1. 공격검술의 머리치기에 대한 비판'이라는 절에서 다시 상세히 거듭 설명하면서 머리치기의 문제점들을 더욱 밝혀보고자 한다.

3) 허리치기

상대방으로부터의 머리치기를 막고 허리치기를 하는 "막고허리치기"의 경우와 상대의 머리치기를 자기 몸의 이동으로서 피하면서 바로 허리치기를 하는 "바로허리치기"인 두 경우로 나눌 수 있다. 허리치기도 역시 몸의 앞뒤이동과 몸의 좌우이동(상대방의 오른허리치기 혹은 왼허리치기)과도 각각 서로 다양하게 결합될수 있다. 그리고 허리치기와 머리치기는 상호 간 페인트모션(feint motion)을 취하는데도 자주 사용된다. 머리를 치는 척하다가도 허리를 치거나 또는 허리를 치는 척하다가도 머리를 치는 경우이다.

그뿐만 아니라 각종 연속동작과도 결합될 수 있다. 연속동작의 대표적인 경우는 "막고오른허리치기", 즉 상대의 머리치기 칼을 막고 상대의 오른허리치기를 하지만, 이때에도 두 가지 경우로 나눌 수 있다.

첫째는, 상대의 오른허리치기 직후에 자기의 칼을 깊게 길게 뺀 후, 자기 몸을 자기의 우로이동 및 조금 좌회전하면서 다시 상대방이 공격하는 칼을 걷어 올리고 상대의 왼허리를 격자 직후 퇴격으로 빠지는 방법이다.

둘째는, 그러한 상대의 오른허리치기 직후에 자기의 칼을 얕게 멈추어, 자기 몸을 자기의 좌로이동 및 조금 우회전하면서 다시 상대방부터의 머리치기 공격하는 칼을 걷어 올리면서 상대의 오른허리를 격자 후 퇴격으로 빠지는 방법이다.

이상의 허리치기 동작에 관해 기술 설명은 오른쪽 혹은 왼쪽 어느 쪽이든 정반대로 그대로 반복 적용될 수 있다.

또 다른 주요한 연속동작 하나를 더 소개하면, 허리치기할 때, 상대로부터의 머리치기 칼을 막고 얕은 오른허리치기, 그다음, 몸을 약간 자기의 오른쪽으로 옮기고 살짝 왼쪽으로 회전하면서, 또다시 상대로부터의 머리치기 칼을 막고 얕은 왼허리치기, 또다시 그다음, 몸을 약간 자기의 왼쪽으로 옮기고 살짝 오른쪽으로 회전하면서, 상대로부터의 머리치기 칼을 막고 얕은 오른쪽허리치기,

호 신 검 술

또다시 몸을 조금 오른쪽으로 옮기고 살짝 왼쪽으로 회전하면서, 상대로부터의 머리치기 칼을 막고 얕은 왼허리치기 등등으로 계속 반복하는 것이다.

상대의 머리치기 칼을 막으면서 상대의 왼허리를 칠 때는 자기의 오른발을 뒤로 빼면서 상대의 머리치기 칼을 막고 퇴격으로 뒤로 빠지는 것이 좋다. 왜냐하면 그동안에 상대편이 앞으로 달려들기 때문에 칼을 막은 다음 왼허리를 칠 때까지의 시간이 없기 때문이다. 또한 상대의 머리치기 칼을 막으면서 상대의 오른쪽 허리를 칠 경우는 원래 뒤쪽에 있는 왼쪽발을 더 뒤로 먼저 빼면서 마찬가지로 오른허리 격자 후 퇴격으로 빠져나가면 타이밍이 더 잘 맞는다.

필자는 호신검술의 관점에서, 이마머리작은머리치기와 퇴격을 결합시켰듯이, 허리치기도 역시 상대방을 향한 시선 및 시야가 끊어지는 것을 막기 위하여 허리치기와 퇴격을 적극 결합시키고자 한다. 그리고 허리를 친 후 상대의 곁을 가까이 지나가는 것이 아니라, 가급적 상대와 멀리 떨어진다. 그리고 이때도 역시 상대를 향하여 자기 시선을 끝까지 놓치면 안 되고 상대에게 자기의 등을 보이면 안 된다.

그 밖에 한 가지 더 주의할 것은, 자기의 자세가 앞으로 숙이고 팔이 앞으로 나가면, 자기의 칼을 더 아래로 내리기가 불가능하여 상대의 허리공격을 잘 막을 수 없다. 언제나 자세가 앞으로 기울어 지지 않도록 균형유지에 주의해야 할 필요성이 있다.

4) 손목치기

손목치기는 상대의 오른 손목을 치는 경우와 상대의 왼 손목을 치는 경우가 있다. 대개는 오른손잡이이고 상대의 오른쪽 손목이 왼쪽 손목보다 약 몇십cm 정도 더 앞에 있으므로 주로 상대의 오른쪽 손목을 공격한다. 그러나 상대가 큰 동작을 위하여 양 손목을 모두 높이 들거나, 혹은 상대가 자기의 칼을 감는 과정에서 상대의 왼 손목이 많이 노출되었을 경우는 왼 손목도 쉽게 공략의 대상이 된다. 손목치기 방법도 역시 자기 몸의 앞뒤이동과 자기 몸의 좌우 이동과도 결합될 수 있다.

손목치기도 역시 페인트 모션을 사용할 수 있다. 손목을 치는 듯하면서도 머리치기를 한다든가, 머리치기를 하는 듯하면서도 손목을 친다든가의 동작을 취한다. 때때로 많이 사용하는 페인트 모션의 하나로는 손목을 친후, 대개 상대방의 칼이 공격이나 방어를 하기 위하여 팔을 들어 올릴 것을 예상하여 다시 또 손목을 거듭

치는 것이다. 자기가 상대의 손목을 칠 때마다 반사적으로 상대방이 팔을 들어 올리는 경향이 있음을 파악하면, 자기가 상대방의 손목을 치고 또 들어 올리는 상대방의 손목을 다시 또 치기가 더 쉬워진다. 계속 이렇게 손목을 반복해서 칠 수도 있다. 상대가 자기의 손목을 치고 실패하여 또 자기의 손목을 계속 치려고 할 때는 팔을 들어 올리지 말고 자기의 몸을 왼쪽으로 옮기면서 상대의 칼을 막고 상대를 역공할 수 있을 것이다. 아니면, 스쳐막으면서 역공하는 수도 있다.

더 나아가, 비록 자기의 팔이 심판 규정상 상대로부터의 격자의 대상이 아니라고 할지라도, 이유 없이 자기의 팔을 들어 올려 상대의 칼에 자주 노출시키는 것도 바람직하지 않다. 팔이나 손목이 가까운 거리에서 너무 높이 올라가는 것은 검술동작의 약점이 그만큼 많아진다고 말해도 과언이 아니다.

중단자세에서 자기 손목이 상대보다 위치를 낮추면 낮출수록 유리하다. 이 경우, 자기를 향한 상대방의 목찌르기를 살짝 위로 걸어내면서 역공으로 목찌르기 할 수 있기 때문이다. 그러나, 이때 자기가 상대의 목찌르기를 좀 큰 동작으로 감아서 막으려고 하면 자기 손목이 공격당하기 때문에 주의하여야 한다.

자기가 상대를 목찌르기를 할 때, 대개 상대방이 방심한 상태이면, 대개 상대의 손목이 항상 반사적으로 위로 올라온다. 즉, 이때 자기가 손목치기로 상대를 공격할 기회가 만들어진다. 상대를 손목치기 기회로 유인하기 위하여 먼저 페인트로 상대를 향한 목찌르기 동작을 하기도 한다.

어떤 검술을 적용하기 위하여도 가급적 팔을 들지 않음이 원칙이다. 그러나 자기의 위로 들리는 손목을 상대가 칠 것이라는 것을 예상하고 그 대응책을 강구하면서 자기 팔을 일부러 들어 올린다. 이처럼 기만술로 손목을 일부러 올리는 수도 있다.

손목치기퇴격은 특별히 언급할 필요가 있다. 상대(적)에게 가장 근접하지 않더라도 상대를 격자할수 있는 검술동작이다. 손목은 최소한 약 10~20cm 앞으로 나와 있기 때문이다. 더구나 상대가 손목을 앞으로 내밀었을 때는 약 40~50cm나 앞으로 나오게 된다. 손목치기퇴격은 역공의 상격을 당하지 않고 빠져나올수 있는 잇점이 크다. 반면에, 머리치기나 허리치기는 격자를 위하여 상대의 몸 위치로 깊숙이 들어가야 하기 때문에, 격자이전에 역공을 당할 가능성이 상당히 높아진다. 따라서, 이 경우들은 기회포착을 상대적으로 보다 철저히 해야 할 필요성도 더욱더 높아진다.

5) 퇴격

퇴격검술동작은 전통적 공인검도에서 개발한 위대한 검술동작 중 하나라고 생각한다. 공인검도의 훈련을 하지 않은 일반인들은 이것은 대개 도저히 상상하기 힘든 검술동작일 것이다. 목찌름후퇴격, 머리치기후퇴격, 왼허리치기후퇴격, 오른허리치기후퇴격, 손목치기후퇴격 등이다. 많은 검도인들이 이 퇴격검술동작의 진짜 가치를 잘 모르고 있는 듯하다. 그리고 격자 직후의 전진동작에 비교하여 격자 직후의 퇴격동작은 잘 활용하지 않는 듯하다. 이것은 아마도 득점을 잘 허락하지 않는 잘못된 심판 관행이 영향을 주었기 때문일 것이다.

"퇴격검술동작의 최대장점들로서는, 우선 상대편을 향하여 시선을 절대로 놓치지 않는다는 점이다." 그리고 격자 후 뒤로 빠져나오면서 호신의 철저함을 꾀할 수 있다는 점이다. 호신검술에서는 바로 이러한 퇴격검술동작들을 거의 모든 격자에서 최대한 적극적으로 활용하고자 한다.

퇴격동작은 공격몸부위별 동작 중의 한 종류는 아니지만, 공격몸부위별 동작들의 거의 대부분과 직접 자주 결부됨으로서 편의상 추가로 여기서도 언급하는 것이다. 필자의 호신검술은 윗머리작은머리치기를 한 직후에 상대방 곁을 스쳐서 직진하지 말고, 그 대신 이마머리작은머리치기를 한 후, 직후진퇴격, 좌방향퇴격, 우방향퇴격으로 끝내는 것을 적극적으로 권장한다. 그뿐만 아니라, 허리치기나 손목치기도 퇴격으로 빠지기를 권장한다. "이 경우에 가장 중요한 이유는 모두 상대방에 대한 시선 및 시야를 놓치지 않기 위함이다." 상대를 향한 시선이 끊어지면 검술동작이 마치 눈감고 주시 태만하여 운전하는 경우와 같이 자살행위와 같다고 할 것이다.

09

직접공격과 간접공격

•

쉽게 표현하면, 스피드로 경쟁하는 직접적 검도와, 이와는 달리, 막고 치는 간접적 검도가 있다. 먼저 호신을 생각하는 과정이 거의 없이, 기회가 있을 때, 바로 상대를 공격하는 경우는 직접공격이라 하고, 호신을 우선적으로 고려하여 상대의 칼을 먼저 피하거나 막거나 감은 후에 기회를 찾아 공격하는 경우를 간접공격이라 한다. 대체로 공격검술은 이러한 직접공격을 하고, 반면에, 호신검술은 간접공격을 한다.

1) 직접공격

공격검술은 주로 직접공격을 선호한다. 이 경우 대체로 상격일 경우가 빈번하며 격자하는 속도 차이의 스피드 경쟁이 매우 중요하지만, 너무 모험적이다. 다른 검술 수준의 조건은 모두 같다고 하더라도, 상대편이 자기보다 스피드가 더 빠를지 더 늦을지는 막상 직접 대결해보지 않고는 미리 잘 알 수 없기 때문이다. 즉, 언제나 불확실성 속에서의 무모한 검술동작이라고 할 것이다. 그리고, 공격전 시선은 주로 공격목표의 몸을 향한다. 이러한 직접공격은 공격검술과 밀접한 관련이 있다.

2) 간접공격

호신검술은 대개 일차적으로 자신의 몸을 보호한 후에 이차적으로 상대를 격자하는 방식이다. 그래서 호신검술은 우선적으로 방어를 위하여, "칼 피하며 격자 및 퇴격", "칼 스쳐막으며 격자 및 퇴격," "칼 막고 격자 및 퇴격", "칼을 감고 격자 및 퇴격", "칼을 살짝 걷어 올리며 격자 및 퇴격" 등의 방법을 많이 쓴다. 즉, 불확실한 자신의 스피드에만 호소하지 않는다. 그러니까, 안정적인 호신검술은 선방어후공격의 주로 2단계 이상의 다단계동작설계로 비교적 기술에 승패를 거는 경향이 강한 반면에, 이것은 직접공격의 1단계 동작에서 주로 오직 스피드로 승패를 거는 모험적 공격검술과는 상당히 그 특징이 상반된다. 호신검술에서 공격전 시선은 격자할 공격목표인 상대의 몸 부위가 아니라 주로 상대의 칼의 움직임을 먼저 향한다.

　따라서 요약하면 "공격검술은 주로 스피드를 경쟁하는 단칼승부의 직접적 검술이라고 말한다면, 호신검술은 방어하면서 치는 연속동작의 간접적 검술이라고 표현할 수 있을 것이다".

　호신검술은 주로 간접공격을 선호한다. 칼을 감거나 막고서 상대를 공격하는 경우는 호신을 먼저 하면서 공격하기 때문에 자기가 당할 위험을 많이 줄인다. 그러나 칼을 감고 지나가는 검선 뒤에서 상대방이 공격해 올 수 있는 점을 항상 염두에 두고, 이때는 즉시 반대로 칼의 방향을 바꾸어 상대방 칼을 막으면서 어떤 격자 부위를 치든지 해야 할 것이다.
　호신검술에서는 시선이 상대방의 칼의 움직임을 쫓거나 상대편 칼의 움직임에 대한 예측이 중요하다. 이러한 간접공격은 호신검술에서 즐겨 사용하는 방법이 될 것이다.

10

페인트 모션

·

"검술은 병법의 축소판"이다. 당연히 성동격서나 허허실실, 은폐엄폐 등과 같은 기만술, 위장술 등의 속임수를 쓴다. "검술은 합법화된 위계전략이다". 아니, 투기류스포츠는 검도뿐만 아니라 모두가 그렇다고 보면 된다. 어떤 분은 이 경우 정직하지 않는 칼은 나쁜 칼이라고 하나, 필자의 견해는 다르다. 검술의 속성을 생각할 때, 필자는 이 페인트 능력도 검술의 한 기술이며, 이기기 위한 합법적인 좋은 칼이라고 본다.

1) 엇박자로 속이는 것

엇박자는 대개 한 박자, 두 박자, 세 박자 등 중에서 선택. 상대를 공격하는 타이밍을 속이는 것이다. 칼이 지나가는 길의 앞은 항상 위력적이지만, 반면에 칼이 지나가는 길 뒤에는 언제나 시간적, 공간적, 약점이나 허점을 남겨놓기 때문이다. 자기의 칼이 지나가며 약점을 노출시키는 시간을 예측하지 못하게 하거나 착각하게 만드는 경우이다.

역으로, 상대편의 칼이 지나갈 때를 예측하는 것이 또한 중요하다. 칼이 지나간 다음에 상대의 약점이 드러날 때를 공격의 기회로 삼기 위함이다.

2) 격자부위를 속이는 것(聲東擊西성동격서)

머리를 치는 듯하다가 손목을 친다든가, 손목을 치려는 듯하다가 머리를 친다든가, 허리를 치는 듯하다가 머리를 친다는 가, 머리를 치는 듯하다가 허리를 친다든가, 손목을 치려는 듯하다가 허리를 친다든가, 허리를 치는 듯하다가 손목을 친다든가, 목찌르기를 하는 듯하다가 손목을 친다든가 하는 등등의 경우이다.

3) 스피드를 속이는 것(虛虛實實허허실실)

계속 천천히 몸을 움직여서 상대편에게 스피드에 대해 방심하게 만들다가 결정적인 어느 순간에 갑자기 매우 **빠르게** 움직여서 공격하는 경우이다. 속임수로 예측을 불가능하게 만든 것이다.

4) 연속공격을 속이는 것(虛虛實實)

단칼공격만 계속하여 상대편이 연속공격에 대한 가능성에 방심하게 만들어 연속공격에 무방비상태로 유인하는 방법이다. 결정적인 순간에, 그침없는 연속공격을 계속 퍼붓는 방법의 속임수다. 역시 속임수로 예측을 불가능하게 만드는 전략이다.

11

공간이용 호신

———————————— • ————————————

1) 거리두기

상대의 칼이 일족일도(一足一刀)로 칼이 자기에게 도달하는 거리 밖으로 멀어지는 방법이다. 뒤로, 오른쪽, 왼쪽의 어느 방향으로도 거리두기가 가능하다. 그 거리두기의 방향과 정도는 다양할 수 있다. 호신검술에서 많이 활용하는 호신의 한 가지 방법이 될 것이다.

검술시합 때에 상대를 성공적으로 격자한 후에도, 역공을 당하지 않고 일족일도의 안전거리 밖으로 빠져나왔을 때 득점을 주는 것이 옳다고 본다.

2) 다가가기

상대에게 아주 가까이 근접할 때, 상호 간 거리가 칼의 길이보다 짧기 때문에 상대방이 칼을 사용하지 못하게 하여서 호신하는 방법이다. 예를 들면, 상대편의 손목을 친 후 상대편의 몸에 바짝 붙는 방법이다. 그러나 심판이 이 시점에서 미리 득점을 선언하면 안 된다고 본다.

왜냐하면, 자기가 격자 후 상대에게 다가가기를 했을 때는 아직 성공적으로 격자가 아직 완성된 것이 아니기 때문에, 즉시 역공을 당하지 않고 일족일도의 안전거리 밖으로 빠져나오는 동작이 더 필요하다고 본다. 왜냐하면, 상대방도 언제든지 추가로 머리치기퇴격, 허리치기퇴격, 손목치기 퇴격 등의 역공으로서 상격의 상태로 만들 수 있기 때문이다. 원래 전쟁에서도 적에게 자기와의 거리가 가까우면 가까울수록 위험도가 높은 법이다. 마찬가지로, 상대에게 다가가기를 함으로써 일단 상대의 칼을 피했다고는 하더라도 아직 그 높은 위험도가 사라진 상태는 아니기 때문이다.

3) 좌우로 피하기

상대의 칼이 오른쪽을 칠 때, 왼쪽으로 피하고, 상대방의 칼이 왼쪽을 칠 때 오른쪽으로 피한다. 그러나 필요한 만큼 피하고 균형을 잃지 않는 것이 실력이다. 이것 역시 호신검술의 한 방법이다. 그러나, 이러한 과잉방어동작은 균형을 잃어 자기쪽에서 역공을 시도하지 못한다.

4) 칼의 길이와 무게

죽도 칼의 길이에 장단점이 있다. 물론, 시합경기에서 허용범위 안에서 관련된 논의이다. 칼 길이가 더 길면, 상대의 칼이 자기에게 닿기 전에 거리상 상대를 격자할 수 있는 장점이 있는 반면에, 기술의 다양성 및 스피드가 느려지는 단점이 있다. 칼이 길면 목찌르기를 겨냥한 중단자세로서 상대가 근접하는 것을 공간적으로 유리하여 더 잘 막을 수 있다. 또한 칼이 길면 상대의 칼이 닿지 못할 때, 자기는 일족일도의 거리가 가능하여 상대를 잘 격자할 수 있는 장점이 있지만, 그 대신 짧은 칼보다 동작의 스피드나 동작의 다양성이 상대적으로 크게 떨어진다. 따라서 긴 칼은 상대를 향한 자기의 일회 공격에 실패하면, 방어에 약해서, 상대로부터 역공을 당하기가 쉽다.

   칼의 무게에도 장단점이 있다. 칼의 무게가 무거우면, 격자의 위력을 크게 할 수 있다. 그러나 그만큼 칼의 스피드가 떨어질 가능성이 크다.

12

기타 동작의 원리

●

▶ 심판체계의 여하가 검술발전의 방향 및 내용에 결정적 영향을
미친다.

▶ 내가 옳다고 생각하는 검술을 연마할 것인가, 아니면 남이 인
정하는 검술을 연마할 것인가, 이것이 문제로다.

▶ 잡념을 버리고 정신집중을 할 때, 검술실력을 더욱 잘 발휘할
수 있다.

▶ 스피드는 검술에 큰 영향을 미친다. 스피드에 자신이 있으면,
대개 상격회피에 신경을 쓰지 않는다. 기회포착개념과 존심
유지개념도 역시 무시하는 경향을 보인다. 스피드에 집착하
면, 기술개념은 거의 필요없게 된다. 그리고 주로 1단계 검술

동작을 택한다. 그러나 스피드를 염려하면, 대개 다단계 검술 동작을 택한다. 기회포착, 존심유지, 상격회피의 개념을 또한 중시한다.

▶ 공격동작은 호신동작보다 몇 배의 에너지 소모가 많다. 따라서 공격동작은 쉽게 지치고 이후로는 허점이 될수도 있다.

▶ 오른발이 반드시 왼발보다 앞에 놓여야 하는 것이 아니다. 격자 시에 왼발을 앞으로 혹은 뒤로 먼저 옮기는 수도 많다.

▶ 칼이 지나간 뒤에는 언제나 허점과 약점이 있다. 이를 염두에 두어야 호신이 된다.

▶ 상대방의 격자를 맞지 않으면서도 지나치게 필요 이상으로 피하지 않는 것도 실력이다. 에너지 낭비를 막으며, 역공을 할 수 있는 기회를 잃지 않는다. 아니면 공격은 전혀 못 한 채 계속 방어만 하게 될 것이다.

▶ 기회가 포착될 때만 공격하고 다른 경우는 방어에만 집중한다. 기회가 아닐 때 공격하는 것은 자살행위라고 본다. 가급적 먼저 공격하지 않는다. 그 대신, 중단한 채로 한발씩 다가간다.

▶ 기회포착의 경우는, 가령, 상대의 검선이 목찌르기를 벗어났을 때, 상대의 칼이 지나가는 순간과 경로를 피했을 직후, 그리고 더욱 의도적으로 상대의 칼을 막거나, 감거나, 스치거나, 걷어올리는 때 등등으로 기회가 만들어진다. 그러나 상대방이 기만술로 움직일 수도 있으므로, 이것들을 일률적으로 고정적으로 말할 수는 없다.

▶ "기회포착이란 자기는 상대를 공격할 수 있으나, 상대는 자기를 격자하지 못하는 경우를 말한다." 따라서, 호신검술에서 상격을 당하여 기회포착을 못했을 경우에는 득점할 수 없다. 그리고 득점하려면, 또한 반드시 상대를 격자 후, 상대의 역공을 피하여 일족일도의 안전거리로 돌아왔을 때라야 한다. 그러므로, 상격(相擊)은 대체로 양쪽 모두 기회포착의 실패 혹은 존심(存心)유지를 못한 실패로 간주되며, 이때 심판이 어느 한쪽 편의 손을 드는 것은 잘못이라고 본다.

▶ 호흡이 무너지면 몸도 무너진다. 경기 중에 호흡을 우선 안정시키기 위하여 불필요한 동작을 절약하여야 한다.

▶ 헛된 칼이 많으면 체력이 소진된다.

▶ 격자전이든 격자후든 상대(적)의 몸 가까이 근접할수록 역공을 당할 위험도가 커진다.

▶ 상대에 칠 곳을 보는 것이 아니라, 상대의 칼의 움직임을 보는 것이 호신에 더 유리할 것이다.

▶ 나이가 많은 상대를 너무 세게 밀어서 넘어뜨리면, 크게 다친다. 이 경우 그 나이 많은 검도인은 고관절 뼈가 부서져서 검도를 계속하기는커녕, 바로 병원응급실로 가거나, 남은 생을 요양병원에서 보내야 할지도 모른다.

▶ 안전하게 방어하면서 공격하는 간접공격이 더욱 좋은 기술인 듯. 만약 직접 공격하면, 주로 상격이 되거나 불확실한 스피드 싸움만 될 뿐.

▶ 상격으로 치고 난 후에도 반드시 상대를 바라보는 정자세를 유지해야 다치지 않는다.

▶ 상대편의 특정 동작에 너무 집착하거나 민감하면 페인트에 걸린다.

▶ 발이 지면을 향한 작용 반작용을 이용하여 여러 가지 동작을 다양하게 구현하는 것이다. 두 발이 동시에 공중부양을 하면, 그동안에 어떤 다른 동작의 급격한 전환이 불가능해진다. 두 발이 동시에 지면과 떨어진 공중 부양은 잘못이다.

▶ 상대방에게 자기의 등 뒤를 보이는 것은 잘못이다. 시야를 절대 한순간도 상대방을 놓치면 안 된다.

▶ 퇴격으로 치고 난 후에도 반드시 상대를 바라보는 정자세를 유지해야 다치지 않는다.

▶ 격자 전, 격자 중, 격자 후의 어느 때라도 몸의 균형을 잃으면 안 된다.

▶ 공격검술은 상대를 격자하기 전이나 후에도 상대편으로부터 불완전한 칼을 자기가 아무리 많이 맞아도 별로 개의치 않는다. 오직 깨끗한 한판의 격자만을 얻는 것을 가장 중요시한다. 반면에, 호신검술은 상대로부터 손톱만큼도 자기가 격자 당하지 않는 것을 최우선시한다. 그다음에 기회를 봐서 상대를 격자한다. 그 대신 그 상대를 향한 격자가 완전하든 불완전하든 개의치 않는다. 그냥 상대가 칼에 맞았다는 것을 인정

할 수 있는 수준이면 득점 된다. 그리고 이 경우, 격자의 전후
에 상격이 되지 않도록 해야 유효격자이다.

▸ 공격검술에서는 상대가 한판의 격자를 당한 후, 상대가 완전
히 죽었다고 가정함으로써, 상대가 그 뒤에 상격을 해도 이
상격은 죽은 칼로서 별 의미가 없지만, 반면에, 호신검술에서
는 상대가 유효격자를 당한 후, 상대가 아직 어느 정도 살아
있다고 가정함으로써, 상대로부터 상격의 역공에서 성공적으
로 빠져나와야만 득점이 된다. 공격검술과 호신검술은 서로 1
차 격자 당한 자의 죽음에 대한 가정이 틀리다.

▸ 필자의 생각으로, 검술시합에서, 단체전은 별 의미 없다고 본
다. 검술이란 같은 팀 선수들 사이에서도 서로 독립적인 것이
며, 선수 간 서로 도와주는 검술의 상호관계는 없기 때문이다.
검술시합은 최고의 개인 검술 수준의 왕좌를 가리는 토너먼트
개인전만이 옳다고 본다. 물론, 패자부활전도 의미 없다. 그리
고 두 판 승부보다는 한 판 승부가 더 검리에 충실하다고 본다.

▸ 필자의 생각으로, 호신검술과 호신술의 개념의 차이점은 이
렇다. 호신검술은 오직 검으로서 호신하는 기술을 의미하는
반면, 호신술은 검뿐만 아니라 다양한 몸기술, 또한 여러 무

기와 수단 등을 필요에 따라 이용하거나 결합하여 호신하는 기술을 말한다. 그러므로, 호신검술은 호신술의 부분집합, 즉, 극히 일부일 뿐이며, 호신술은 더욱더 광범위한 별도 차원의 무술영역이라고 볼 수 있다.

▶ 만약에 심판이 공정하다고 전제하면, 검도시합에서 선수들의 우승순위가 의미 있지만, 만약에 심판이 공정하지 않다고 전제하면, 검도시합에서 선수들의 우승순위가 의미 없을 것이다. 그만큼 심판의 공정성의 중요성이 크다.

▶ 상대의 몸(주로, 목 주변)에 칼을 대고만 있으면, 아무리 격자를 당해도 괜찮은 기존의 심판관행을 제발 없앨수 없을까? 상대가 공격해 올 때는 언제나 최선을 다하여 확실하게 최대한 정식으로 방어하는 실력을 보여야 옳을 것이다. 그렇지 않고, 도대체 왜 칼을 상대의 몸에 그냥 어정쩡하게 대고만 있을까? 아무래도 이것이 공정한 심판을 왜곡시키는 큰 원인이 되는 것 같다. 만약에 실전의 경우이더라도 과연 이러한 소극적 동작들을 감히 할수 있을까?

▶ 검도가 왜 이렇게도 재미있을까? 검도가 마치 전쟁의 축소판, 더 나아가서 인생의 축소판 같기 때문일 듯.

| 13 |

몸의 컨디션 여하

---●---

　건강상태, 피로감 정도, 스트레스, 연습량, 기초체력 운동량, 몸 구조의 특징, 성별, 나이 등등에 의하여 검술이 영향을 받는다.

II

호신검술의
특징

현행 대한공인검도나 일본공인검도는 거의 같다고 봐도 과언이 아니다. 필자는 현행 이 양 국가의 공인검도의 검술의 특징을 공격검술이라고 표현하고자 한다(필자는 본인이 개발한 호신검술과 대비하여, 기존 및 현행의 공인검도를 이후 "공격검술"이라고 임의로 부르고자 한다). 반면에, 필자가 공인검도의 검술의 검리를 비판하고 대안을 제시하려는 검술의 특징은 한마디로 "호신검술"이라고 표현하고 싶다. 이 호신검술은 기존의 검술이 "공격검술"이라는 인식과 대비되는 것이다.

"물론, 어느 쪽이든 평소에 공수(攻守)가 함께 이루어지겠지만, 그러나 이 호신검술과 공격검술의 양자의 가장 큰 상대적 특징 차이를 간략히 비교하자면, 첫째, 호신검술은 내 몸을 보호하는 것을 가장 우선시하며 적의 칼이 나를 전혀 스치지도 못하게 철저한 방어를 하려는 입장이다. 즉, 완벽한 호신을 먼저 하면서 다음에 기회를 찾는 논리이다. 반면에, 둘째, 공격검술은 공격을 가장 우선시하며, 설사 내가 살을 베어주더라도 적의 뼈를 치겠다는 입장이다. 즉, 불완전한 열 번의 칼보다는 완벽한 한판의 칼의 기술이 더 중요하다는 입장이다."

필자가 논의의 필요에 따라서, 임의로 이처럼 공격검술과 호신검술의 둘로 구분하여 대비한 것은 반드시 전체적이고 종합적인 개략적 특징으로 볼 때야만 가능한 것이며, 개별적이고 지엽적인 검술의 관점으로서는 이러한 특징의 차이를 사실상 파악하기가 힘들지도 모른다. 왜냐하면, 전통적 공인검도에도 역시 호신검술의 내용이 이미 부분적으로는 많이 포함되어 있고, 호신검술에서도 공격검술 내용이 역시 많이 포함되어 있기 때문이다. 다만, 이와 같이, 공격검술과 호신검술의 둘로 구분하여 대비하는 것은, 미시적인 나무와 같은 검술의 특징이 아니라, 거시적인 숲과 같은 검술의 특징을 보는 비교관점이라고 말할 수 있다.

호신검술의 원리의 입장에 서면, 기존의 공격검술의 원리의 경우와는 달리 검술에 관한 전체적인 기술구조나 동작설계, 심판결과의 판도가 불가피하게 상당히 달라지게 된다.

공격검술의 머리치기에 대한 비판

•

여기 머리치기에 대한 비판의 범위를 더욱 구체화하면, 주로 "상격의 경우에도 득점을 허용하는 윗머리작은머리치기직진"의 경우에 한정된다. 상격이 없는 큰머리치기퇴격의 경우는 이 비판의 범위에 해당되지 않는다. 그러나 이후 표현의 편의상, 이러한 세부적인 구별이 필요함에도 불구하고 그냥 개략적으로 머리치기에 대한 비판이라고 언급하기로 한다.

전통적 머리치기는 상대의 머리를 치고 직진으로 계속 상대의 몸을 가까이 지나치면서 빠르게 나아가는 경우이다. 이러한 머리치기는 검도인들이 가장 선호하고 자주 사용하는 동작인 듯하다. 그러나 여기에 여러 가지 근본적인 문제점이 있다.

더 세부적으로 이 동작을 묘사해 보면, "머리치기는 대체로 상대의 칼이 닿지 않은 거리에서 출발하며, 상대의 중단자세의 칼이 어떤 이유든 자기 목을 향하여 목찌르기를 하는 검선(劍線)을 벗어나는 경우를 주요 공격기회로 삼는다. 이때, 왼발을 가장 강하게 바닥을 뒤차기를 하여 그 강한 추진력으로 아주 빠르게 넓이뛰기 하듯이 몸을 부양하면서, 또한 오른 앞발이 착지할 때 더욱 강하게 디디면서 그 딛는 힘으로 병행하여 칼을 강하게 휘둘러 상대의 머리 위를 치고 나아간다. 이렇게 자기 몸이 상대의 머리를 격자한 후에는 성공하든 실패하든 상관없이 그 달려온 관성(慣性) 때문에 자기 몸이 상대방의 몸을 아주 가까이서 지나치며 나아간다. 그리고 이때, 자기의 시선은 단절되어서 상대를 보지 못하고 오히려 자기의 등을 상대에게 보이면서 존심(存心)이 없이 그냥 앞으로 멀리 도망가듯이 빨리 나아가는 순간이 존재하는 것이다. 그리고 등 뒤에서 상대가 공격할 가능성이 있는 칼을 보지도 못하면서도 추측하여 몸을 돌려서 막는 동작을 한 후 중단자세를 취하며 동작의 매듭을 짓는다."

필자의 이 호신검술의 개발은 바로 이러한 머리치기의 문제점 비판에서부터 시작했다고도 말할 수 있다. 따라서 머리치기의 문제점에 관하여 좀 더 긴 설명을 여기서 부연, 정리하고자 한다.

1) 호신검술에서 중단자세와 목찌르기는 매우 중요한 기본 검술이다. 싫든 좋든 목찌르기에 의한 호신을 염두에 두지 않는 검술은 문제가 있다고 본다. 중단자세에서 목찌르기는 상대를 공격하기에 가장 거리가 가깝고 시간이 적게 걸린다. 그래서 최대의 방어기술이 된다.

우선 머리치기는 크게 앞으로 기울어지는 동작, 즉, 균형을 잃는 과정이다. 그리고, 만약에 이때 목찔림을 당하면 크게 부상을 입을 수도 있다. 따라서 머리치기를 할 때는 항상 목찔림의 반격을 가장 우선적으로 염두에 두어야 한다.

공격검술에서 전통 머리치기는 대개 이러한 목찌르기 방어가 무너졌을 때를 기회의 포착이라고 보고 먼저 공격을 시도한다. 그러나 상대방의 목찌르기 중단자세의 칼이 자기 목을 찌르기를 하는 검선을 벗어나는 경우가 반드시 기회가 아닐 수도 있다. 자기의 여러 가지 동작에 우연히 상대편이 놀라거나 무심코 이런 기회를 만들어 내는 경우도 있겠지만, 흔히 상대가 자기의 머리치기를 유인하기 위하여 일부러 거짓으로 이러한 검선을 벗어나는 허점을 보여줄 수도 있다. 호신검술에서는 이러한 착오의 가능성을 모두 다 감안할 필요를 많이 인정한다. 그러나 공격검술은 대개 이러한 기만술에 상당히 속수무책이다.

2) 머리치기는 상대의 칼의 공격이 닿지 않은 먼 거리를 극복하면서 출발하여 상대에게 넓이뛰기 하듯이 빠르게 달려들기 위하여 공중 부양의 순간이 불가피하다. 검도에서 힘이 실린 모든 동작의 에너지의 원천은 지면과의 작용 반작용에서부터 생긴다. 이렇게 강한 뒷발차기로 두 발이 모두 지면으로부터 떨어진 순간은 매우 위험하다. 이때, 상대방의 몸 어디에 조금만 부딪혀도 자신의 몸이 균형을 잃거나 공중에서 회전하여 자빠질 것이다. 그리고 만약 경기가 아닌, 실전에서 상대가 손으로 밀거나 발을 걸면 치명적으로 쓰러지게 될 것이다. 즉, 공중 부양 자체가 잘못이다. 공인검도에서 자주 넘어지는 이러한 머리치기의 허점에 사람들이 너무 무관심하고 관대하는 듯하다.

검술에게 철칙 중의 하나는 가급적 발놀림을 작게 하는 것이다. 발놀림이 작으면 앞에서 언급한 공중 부양의 문제점이 잘 나타나지 않는다. 한칼에 승패를 결정하려는 경우는 거리와 스피드에 우위를 점하기 위하여 발놀림이 크다. 이렇게 발놀림을 무리하게 크게 하는 것은 현명하지 않다고 본다. 발놀림이 작으면, 지면에 반작용의 힘을 잘 이용하여 빠르게 다양한 동작으로의 변신을 용이하게 한다. 그러나, 발놀림이 크고, 발이 움직이는 시간이 길어지면, 칼을 사용하는 시간이 그만큼 길어지고 또한 그 큰 발놀림 사이에 발이 지면에 닿지 않아 지면에 작용반작용의 힘을 이용하지 못하여 다른 동작으로의 급선회가 어렵다.

발놀림을 짧게 하고 발이 지면을 떠나있는 시간을 최대한 줄이는 것이 필요하다. 사슴처럼 펄쩍 넓이뛰기 하듯이 상대를 공격하는 것은 매우 모험적이라고 본다. 이것은 아주 권하고 싶지 않은 접근이다. 이를테면, 농구나 축구에 비유하면, 농구에서 멀리서 한방의 롱슛보다는 드리블로 수많은 공격을 요리조리 잘 피하면서 바스켓에 아주 가까이 가서 슛하는 경우를 더 차원 높은 기술로 본다. 축구를 할 때 한방의 롱킥보다는 수많은 공격을 요리조리 잘 피하면서 골문 전에 아주 가까이 가서 킥하여 득점을 얻는 것이 더 차원 높은 기술로 보는 것과 같은 논리이다. 물론 사람에 따라 여기에 다른 견해가 있을 줄로 알고 있다, 그러나 롱슛이나 롱킥은 멋은 있지만, 이렇게 큰 동작은 사실상 우수한 기술이 아니다. 성공의 불확실성이 너무 높다. 검술에서도 펄쩍 뛰면서 큰머리치기로 한판 치고 나가는 것은 마치 롱슛이나 롱킥과 같은 것이다. 대개 이와 같은 큰머리치기의 전후에서 당하는 수많은 역공들이 대개 머리치기를 비호하는 심판 과정 때문에 득점되지 못하고 자주 무시하기 때문에, 그 머리치기의 숱한 약점들이 쉽게 감추어지고 있는 것 같다.

3) 오른 앞발이 착지할 때 더욱 강하게 디디면서 그 딛는 힘으로 병행하여 칼을 강하게 휘둘러 상대의 머리 위를 치고 나아간다. 이때, 오른쪽 다리가 착지할 때의 충격이 너무 강하여 관절을 다칠 가능성이 매우 크다. 주위에 검도의 고단자가 무릎을 다쳐서 고생하거나, 검도를 중단한 경우를 많이 보게 된다. 이러한 머리치기는 선수들 안전에 문제가 있는 것이다.

4) 상대의 머리 위를 격자하고 지나간다는 것은, 공격자가 동작의 출발점에서 상대방 머리 위를 격자할 때까지의 거리가 이마머리치기보다 더 길어지고 시간이 더 걸리게 된다. 따라서 이 사이에 역공하는 자가 얼마든지 스피드 이점을 갖을 수 있다. 그러므로 호신검술에서는 윗머리 격자가 아니라 거리와 시간이 더 짧은 이마머리를 격자하는 것을 권하는 것이다. 그리고 이마머리 격자일 때가, 윗머리를 비스듬히 격자하는 경우보다도 자연히 힘이 더욱 실릴 것이다. 다만, 머리 위를 어느 정도 스치듯이 치는 것은 격자 후 앞으로 계속 나아갈 때 칼이 잘 빠져나가기가 쉬운 이점이 있다. 물론, 호신검술에서처럼, 상대방을 향한 이마머리치기 격자 후 퇴격으로 마무리할 때도 칼이 잘 빠질 수 있다.

5) 공격자가 머리치기 격자 후 관성 때문에 상대의 몸을 아주 가까이서 지나쳐야 하기 때문에, 머리 위를 주로 스치듯이 치게 된

다고 본다. 만약 자기가 이마머리치기로 상대의 정면 앞을 치면 칼이 직진으로 빠져나가기가 어려울 것이다. 그리고 공격자가 이처럼 상대의 머리 위를 어느 정도 스치는 윗머리머리치기를 하면, 이때 자기의 팔이 매우 위로 올라가기 때문에, 또한, 자기와 상대의 머리 위까지의 거리가 길기 때문에 팔을 매우 쭉 뻗어야 하며, 이것은 상대방으로부터 자기의 손목을 역공당하기 쉬운 큰 약점을 갖게 된다. 이런 이유로, 어떤 검도 사범은 누가 자기의 머리치기 공격을 할 때, 그의 손목을 자주 잘 치면, 이때 윗머리머리치기의 자체의 근본 허점을 똑바로 인식하기보다는 오히려 머리치기를 할 때 손목을 자주 치는 수련생에게 상대방이 머리치기를 잘할 수 있도록 손목을 치지 말라고 야단을 치기도 하는 우스꽝스러운 헤프닝도 자주 발생한다. 아마도 머리치기하는 상대방 수련생이 마음 놓고 팔을 쭉쭉 뻗으면서 기존의 머리치기 검술을 연습하는 의지를 위축시키지 않도록 하는 검도사범의 배려라고 생각된다. 그러나 이것은 전통 머리치기 검술에서 팔을 쭉쭉 뻗는 심각한 호신에의 약점과 문제점을 너무나 대수롭지 않게 간과하는 습관이라고 본다.

윗머리머리치기를 할 때, 자기 팔이 자기 어깨의 수평까지 올라오도록 하는 것은 자기 손목(팔)을 상대가 매우 치기 쉽도록 적극적으로 상대에게 오히려 대주는 꼴이다. 따라서, 필자는 이마머리작은머리치기를 하여 최대한 자기 손목을 최대한 자기 배꼽 위치 수준으로 내려오게 해서 앞뒤로 움직이는 것이 더 바람직하다고 추천하는 것이다. 그리고 이때 역시 퇴격을 권한다. 물론 나의 손목이 이렇게 배꼽 위치 수준으로 내려오더라도 상대방이 내 손목을 공격할 수는 있다. 그러나 어깨 수준까지 올라올 때보다는 그 노출 정도가 낮아, 상대가 자기의 손목을 치기가 훨씬 어려울 것이다. 더군다나, 자기의 손목 위치가 낮으면 중단자세처럼 여러 가지 다양한 방어동작도 더 쉬워지게 된다. 즉, 이유 없이 손목을 노출시키지 않는 것이 필요하다.

6) 만약에 머리치기 공격을 상대방이 성공적으로 피하거나 막으면, 그 이후는 공격자가 관성때문에 방어자의 몸 옆을 아주 가까이서 지나칠 때, 공격자는 공중 부양과 함께 거의 무방비상태가 되는 치명적인 약점이 되고 있다. 이때, 상대가 윗머리머리치기 하는 자기에게 쉽게 가할 수 있는 역공(逆攻)의 방법은 수없이 많을 것이다. 막고 머리치기, 피하고 머리치기, 막고 손목치기, 피하고 손목치기, 칼 감아서 머리치기, 막고 허리치기, 피하며 바로 허리치기, 스쳐 막고 머리치기퇴격, 뒤로 살짝 피했다가 각종 부위 퇴격 등등이 가능하게 된다. 오른쪽 왼쪽 양자의 모든 방향으로 그 경우가 무수히 많을 것이다.

7) 자기가 상대방에게 머리치기를 시도했을 때 성공할 수도 있고 실패할 수도 있다. 만약에 상대방이 나의 머리치기를 성공적으로 막거나 피한다면, 자기의 몸은 매우 빠른 추진력에 의한 공격행동의 관성(慣性) 때문에 자기의 몸이 상대의 몸을 매우 가까이 지나치게 될 것이다. 우선, 원래부터 "무거운 몸을 이동시키는 것보다 가벼운 팔을 움직이는 것이 더 쉽고 빠르기 때문에". 상대방이 돌아서면 이 순간에 공격자는 바로 상대방의 역공을 당하게 된다. 더군다나, 머리치기 후 빠르게 앞으로 전진하며 빠져나가는 이 동작은 나이가 많거나 몸이 무거운 사람에게는 더욱더 어려울 것이다. 그리고 언제나 자기의 몸이 상대의 몸에 가까이 가면 갈수록 그 위험도가 더 높아짐을 명심해야 할 것이다.

그리고 이렇게 공격자의 몸이 앞으로 직진해 나아가는 경우에, 더욱더 아주 치명적인 약점은 상대를 지나친 직후에 자기의 시선 및 시야가 끊어지면서 자기의 등을 상대에게 보인다는 점이다. 더군다나 자신의 시선이 끊어진 상태에서는 공격자 자신의 뒷머리, 등어리, 뒷허리가 무방비상태로 상대에게 사실상 그대로 노출된다. 지금은 안전을 위하여 심판 규정상 공격자의 등 뒤를 공격하는 것을 금지했지만, 이것은 현행 오직 보호장비의 한계 때문에 불가피하게 실전에 위배한 조치일 뿐이다. 앞으로, 호구 및 호면이 개량되어 뒷머리나 등어리를 격자해도 안전할 수 있도록 발전하면,

이러한 머리치기 검술동작은 즉시 사라지게 될 것이다.

"윗머리작은머리치기직진은 비유적으로 표현하자면, 마치 투신자살행위 같은 모양의 매우 모험적인 검술동작"이라고 말해도 과언이 아닐 것이다. 원래부터 상대방에게 자신의 등 뒤를 보이는 검술의 검리가 근본적으로 무조건 큰 잘못이다. 즉, 등 뒤를 상대방에게 보이는 것 자체가 존심(存心)이 전혀 없다는 증거이다.

그리고 자기의 시선을 한순간도 절대 상대방을 놓치면 안 된다. 자기의 시선을 끊는 것도 존심이 전혀 없다는 증거이다. 심지어 아무리 멋지고 그럴듯하고 기발한 각종 회전 동작조차도 상대방을 향한 시야를 놓치는 순간이 포함되어 있으면 이 동작을 절대로 삼가해야 할 것이라고 본다. 1대1의 대결이 아니고 1대 다수를 상대할 경우에는 회전과정 때문에 이러한 동작이 싫다고 해도 어느 정도 불가피하겠지만.

아주 확실한 공격기회가 아니면 몸이 상대의 곁을 아주 가까이 지나며, 자기 등을 상대에게 보이며 빠지는 이러한 머리치기는 절대 추천하고 싶지 않은 공격 동작이다. 이것은 검리상 호신에 매우 모순투성이라고 보기 때문이다. 비록 공격검술에서는 스피드를 매우 중요시하는 동작이지만, 필자의 견해로는, 호신검술에서는 아주 특수한 경우가 아니면, '윗머리작은머리치기 및 전진동작'은 쉽게 적용해서는 안 되는 자기에게 매우 위험한 기술로 간주한다. 즉, 이러한 머리치기에 대한 비판이 공격검술과 큰 차이를 나타내는 호신검술의 주요 특징 중의 하나가 되고 있다.

어떤 격자든 격자 후 상대와 일족일도의 안전거리를 두고 최종 중단자세를 취할 때까지는 대개 성공적인 격자가 완성되지 않았다고 판정한다. 이러한 판정은 상대편의 몸에 자기의 몸이 존심없이 아주 가까이 지나가며 자기 등을 보인다는 것은 아주 위험한 상태이기 때문일 것이다. 그럼에도 불구하고, 사실상 윗머리작은머리치기는 격자 후 전진동작으로서 이렇게 상대방의 몸과 공격자의 몸이 아주 가까워지는 위험상태나 몸받은상태, 그리고 자기 시선을 끊고 자기의 등 뒤를 상대에게 보이는 동작을 자주 불가피하게 초래하는 문제점을 지닌다.

공인검도에서 언제나 존심(存心)을 요구한다는 자체가 격자 후에도 얼마든지 역공을 당할 수 있다는 것을 전제하고 이를 인정한다는 뜻이다. 사실상, 공격자인 선수들은 자기가 행한 머리치기가 한판이 성립되었거나 않았는지를 격자 중에는 거의 모른다. 그럼에도 불구하고, 윗머리작은머리치기 후 빠르게 전진하면서, 동작의 급격한 변동이 불가능한 공중 부양을 하거나, 여전히 팔을 뻗은 상태로, 거의 무방비상태로 상대의 몸의 곁을 아주 가까이서 지나치거나, 몸받음을 하거나, 심지어 상대를 향한 시선이 끊어지고, 자기의 등 뒤를 상대방에게 보이면서 도망가듯이 앞으로 달려나가며, 그리고 최종단계에서 상대를 보지 못하고 추측방어동작을 취하면서 돌아서 중단자세를 취하는 것은, 매우 위험한 상황으로 자신을 내던지는 것이라 하지 않을 수 없고, 이것이야말로, 검리상, 존심이 없는 모순적 검술동작들 자체가 아닐 수 없다고 할 것이다. 다만 최종 돌아서서 중단자세를 취할 때만 존심이 있는 듯이 보일 뿐이다.

실전이 아닌 검술시합 때에는, 상대방이 머리치기 공격자를 반격할 때 대개 심판들이 이것을 부정적으로 보거나 점수를 잘 주지 않은 관행의 결과 때문에, 머리치기 검술동작들을 타동작들보다 우선적으로 유리하게 비호하는 심판 관행 때문에, 이러한 머리치기의 상대를 향한 자기 시선을 놓치고 자기 등뒤를 보이는 이러한 엄청난 치명적인 약점이 쉽게 감춰지고 있다고 본다. 특히, 상대방에게 자기의 등을 보인다는 것 자체가 분명 존심이 전혀 없다는 뜻이다. 그럼에도 불구하고, 현행의 공격검술의 심판 규정과 심판 관행의 경향은 머리치기의 이러한 큰 허점들을 모두 잘 커버하여 주고 있다고 본다.

8) 몸받음은 윗머리작은머리치기직진의 단점 중 또 하나이다. 상대를 향하여 **빠르고** 강하게 달려든 관성 때문에, 이때 상대를 성공적으로 격자하지 못하고 또한 상대가 피하지 않으면, 투신자살 행위처럼 매우 위험한 상대와의 몸받음 상태가 된다. 만약에, 윗머리작은머리치기가 자기 몸을 **빠르게** 앞으로 진행시키는 문제점이 없었더라면 이 몸받음이란 원래부터 필요 없는 동작이었을 것이다. 한번 상상해 본다. 실전 검술에서도 이렇게 극도로 위험천만한 몸받음의 검술동작을 과연 사용할까?

9) 그리고 머리치기는 매우 **빠르게** 상대방을 격자하면서 지나쳐야 하기 때문에 지면이 울퉁불퉁하거나, 어두워서 지면의 평평한 정도를 알 수 없는 경우는 거의 사용할 수 없는 기술이다.

10) 머리치기는 상대를 격자한 후에 상대를 뒤로하며 시선이 끊긴 후 앞으로 멀리 도망가는 형국이기 때문에 매우 넓은 공간이 필요한 검술 동작이 된다. 즉, 좁은 곳에서는 부적절한 기술이다.

11) 그리고 윗머리작은머리치기직진의 경우, 멀리 가서는, 혹시 상대가 뒤에서 돌아설 때 자기를 공격할지도 모르는 가능성을 막는 방어동작을 하면서 몸을 회전하여 돌아서서 중단자세을 취한다. 상대를 전혀 보지도 못하면서도 자기의 몸이 돌아서는 추측 방

어의 동작으로서, 자기를 주시하며 적극 쫓아온 상대의 다양한 공격의 칼을 막을 수 있는 가능성은 거의 없다고 본다.

12) 머리치기할 때의 상격은 머리치기가 비록 좀 타이밍이 늦더라도 머리치기를 한 쪽에 오히려 유리한 득점을 주는 경향 때문에, 호신검술의 관점에서 볼 때 머리치기의 모순적 약점을 많이 은폐해주고 있다고 사료된다. 주요 검술시합에서 머리치기로 득점한 경우가 도대체 몇 %나 차지하는지를 한번 헤아려보는 것도 매우 흥미로울 것이다. 현행, 머리치기 특별우대의 심판 관행들이 투신자살같은 스타일의 이 이상한 검술동작들을 만들어내고 있지나 않았을까 한다.

전통 머리치기 검술모형이 상격으로 보일 경우에, 쌍방 간 미미한 시차는 의미 없는 격자임에도 불구하고, 또한, 상격은 동시에 모두 기회포착에 실패했음에도 불구하고, 이를 쌍방 실패로 치지 않고 심판은 어느 한쪽에 승리의 득점을 안겨준다.

또한, 자기가 전통머리치기의 표준동작을 할 때, 가령 상대방의 허리치기나 손목머리의 격자의 시각이 자기의 머리치기보다 다소 더 빠르더라도 상관없이, 거의 모두 전통머리치기 표준동작을 한 쪽에 승리의 득점을 주는 경향을 보인다. 더 나아가 상격이 아니라, 상대로부터의 머리치기의 공격을 잘 막거나 피한 후, 단순히 자기가 허리치기, 손목치기, 다양한 퇴격치기로 성공시켜도 온갖 이유를 들어 거의 득점을 받지 못한다. 필자의 판단으로는, 이 경우에 전통머리치기 표준동작에 내포한 검리상 심각한 모순들이 이런 심사 및 심판과정에 의하여 철저히 감추어지는 것이라고 본다.

시합 및 승단심사 직전에 수련생들이나 선수들끼리 대화에서도, "이번에 가급적 허리치기, 손목치기, 퇴격 등 다양한 행동을 가급적 삼가고, 과거로부터 가르침을 받아온 오직 바른 자세의 머리치기 표준동작만을 정확하게 해야 유리한 득점이나 평가를 잘 얻게 된다"라고 서로 미리 귀띔하면서 시합요령을 전수하는 경우의 해프닝도 벌인다. 모두 검리상 문제점이 많은 전통 머리치기 검술모형을 비호하게 하는 어처구니없는 모순적 현상이라고 보인다.

다른 검술은 거의 연습하지 아니하고, 오직 머리치기 표준동작만 가르치는 대로 열심히 하는 검도인이 너무나 많다. 만약 이런 경우라면, 물론 당사자는 스스로 검도를 잘한다고 생각하겠지만, 사실은 검리가 근본적으로 잘못된 검도를 줄곧 해온 셈일지도 모른다.

13) 머리위머리치기를 할 경우에, 큰 머리치기 동작이든 작은머리치기 동작이든 공격 시에 팔이 자연히 어깨 위로 올라가서 늘 머

리치기하는 공격자의 손목이 노출되는 큰 허점을 보인다. 더군다나, 상대편의 칼을 막으면서 내미는 것도 아니고 또한 거리도 짧게 앞으로 다가오는 손목이니, 자세를 조금 낮추어 공격자의 머리치기 칼만 살짝 피하면 공격자의 손목은 덩그러니 공격표적으로 눈앞에 나타난다. 본능적으로 이런 좋은 기회를 어찌 주저할 수 있겠는가? 이 경우에 손목치기를 하지 말라는 것은 너무나 어처구니없는 일이다. 물론 이 경우 손목뿐만 아니라 상대편의 목찌름부위, 오른허리, 왼허리 등도 역시 허점으로 동시에 나타난다.

경험상 보면, 많은 검도인들이 자기가 머리치기할 때 상대가 손목을 치면 싫어한다는 사실이다. 심지어는 손목을 맞을 때마다 짜증을 내거나, 연습을 기피하는 경우가 있다. 심지어는 상대편이 머리치기할 때 높이 올라간 상대편의 손목을 치는 것은 반칙이나 잘못된 검도 규칙이라고까지 주장하는 검도인들도 더러 있다. 이제는 뭔가 이상하게 극단적으로 돌아가는 것 같다. 머리치기 들어올 때 손목을 향하여 역공하는 것은 잘못된 것일까? 필자 본인은 절대 아니라고 본다. 이것은 손목 치는 사람의 잘못이 아니고, 오히려 손목을 쉽게 노출시키는 머리치기 검술동작 자체가 내포하고 있는 큰 약점인 것이다.

14) 필자 개인적 견해로는 승단이나 시합 때에 매우 유리하게 득을 보게 되는 현행의 여건에 잘 순응하여, 이러한 검리상 모순 투성인 머리치기만을 훈련하고 머리치기만이 검도의 모든 것인 양 생각하는 검도인은 아무리 훈련을 많이 해도 사실상 검도를 제대로 수련했다고 거의 볼 수 없다. 왜냐하면 만약 심판규정이나 심판관행이 공격검술 기준에서 호신검술 기준으로 바뀌면, 그 승패가 거의 완전히 뒤바뀌기 때문이다. 그러면, 이 경우 자기에게 남아 있는 검술이란 무엇이 남아있을까? 그리고 또한 기술적으로도 대개 상대방의 다양한 역공에 속수무책이기 때문이다.

검리상 근본적으로 안고 있는 머리치기의 문제점에 대하여 심히 고민하다가, 이러한 검리상 모순을 상의코자 머리치기를 적극적으로 옹호하는 어느 공격검술 검도인 고단자들에게 이야기하면, 마치 자신의 치부라도 보인 듯이 매우 흥분하거나 당황해한다. 만약에, 이 경우 여기에 관해 저단자들의 질문이나 비판들을 원천 봉쇄하기 위하여 고단자들이 완강히 권위적인 태도를 보인다면 이것은 옳지 않다. 아마도 이러한 현상 자체가 머리치기의 검술모형이 검리상 모순 투성임을 증명하는 것이며, 오히려 신성불가침의 영역으로 여겨서, 아예 어떤 반론이라도 불가능하도록 처음부터 싹을 자르려는 잘못된 의도라고 해석될 것이다.

15) 공격검술은 존심유지와 관련하여 공격검술 자체 내에 검리 상 근본적인 모순을 내포하고 있다. 특히, 윗머리작은머리치기직 진의 검술동작의 경우에, 어떤 때는 존심유지를 강조하고, 어떤 때는 존심유지를 무시한다.

첫째, 존심유지를 강조하는 경우(상대가 한판격자를 당한 뒤에도 살 아있을 수 있다는 가정).

어느 선수가 상대에게 한판의 격자를 했음에도 불구하고 뒤이 어 한판의 역공을 당했다면 승패가 뒤바뀌게 된다. 그 이유는 존심 을 갖지 않고 방심했다는 증거이다. 처음 한판의 격자를 당한 상대 방이 죽지 않고 살아있다는 전제를 깔고 있는 것이다. 격자 후에도 일족일도의 안전거리 밖에서 중단자세를 취할 때까지는 상황이 끝 난 것이 아니므로 존심을 항상 갖고 있어야 한다고 강조한다.

둘째, 존심유지를 무시하는 경우(상대가 한판격자를 당한 후 완전 죽 었다는 가정). 한판격자 후에는 상대로부터 어떤 역공의 격자를 당 해도 괜찮으며, 또한 직진하여 상대편의 몸에 몸받음하거나 상대 편의 몸에 아주 가까이 스쳐지나가는가 하면, 심지어는 상대를 향 한 자기시선을 끊고 자기의 등 뒤를 상대에게 보이는 등 존심유지 가 필요없는 행동을 한다. 상대가 한판격자 후 완전히 죽었다고 가 정하기 때문에, 이러한 검술동작들도 아무런 걱정없이 마음놓고 취하는 것이다. 그리고 이때 상대로부터 역공의 격자를 당해도 모 두 죽은 칼로서 무효라고 간주하고 아무리 많은 칼에 맞아도 이를 괜찮다고 본다. 이와같이 공격검술에서의 한판격자의 개념과 존심유지의 개념은 근본적으로 상호 간 검리모순이다. 상대를 골단 절명시킨다는 한판격자 개념의 전제는, 한판 이전에 칼 같지 않은 칼을 아무리 많이 맞아도 괜찮다고 관대하게 지나간다. 그리고 또한 가령, 0.01초라도 한판 격자를 먼저 달성하면 그 이후의 칼은 아무리 완벽한 한판이라도 모두 죽은자의 칼, 즉 죽은 칼이 되며 무효로 처리된다. 즉, 오직 스피드로 승부를 판단한다. 그런데 또 다른 반면에, 시합 중 실상은 이러한 상대방의 한판의 역공에 의한 상격이 이루어지면, 나중의 한판을 승리라고 심판이 승리라고 깃발을 번쩍 드는 경우가 비일비재하다. 왜 그럴까? 이때는 처음 한판한 선수가 존심유지를 하지 않았기 때문이란다. 처음의 한판에 의하여 상대가 완전 죽었는데도 불구하고, 그가 되살아나 그 뒤의 상대의 한판격자가 존심이 없는 처음 한판격자자를 역공으로 쳐서 득점을 얻어낸 셈이다. 심판자들도 이런 심각한 검리상 상호모순 때문에 이 경우처럼 중구난방인 셈이다. 그리고 이때 심판자는 이 상호모순된 검리로서 어느 경우든 자기의 결정을 합리화시킬 수 있다.

첫 한판 때문에 상대가 완전히 죽었다고 가정하면, 그 이후의 칼은 죽은 칼이 논리상 맞다. 그렇기에 마음놓고 한판격자 후 상대편과 몸받음 하거나 가까이 직진으로 스쳐지나가도 되는 것이며, 심지어 상대를 향한 자기 시선을 끊어도 무방하며, 자기의 등을 상대에게 보여줘도 괜찮은 것이다. 그런데 다른 한편으로는 존심유지의 개념을 강조함으로써 상대가 완벽한 한판으로도 죽지 않을 수도 있다는 가정을 동시에 하고 있다. 이것은 정말 궤변이 아닐 수 없다. 사람이 죽으면 죽고, 살면 사는 것이지, 어찌 "완전 죽었으면서도 동시에 또한 살아있다는 두 가지 모순된 가정"을 동시에 병행시키고 있을 수 있겠는가? 검술이 무슨 양자역학의 양자중첩현상인가?

일족일도의 안전거리로 빠져나갈 때까지 끝까지 존심을 가져야 한다는 존심의 검리는 한판의 격자를 당한 상대가 살아있다는 가정을 하는 것이다. 이렇게 되면 절대 죽음을 가정하는 한판의 개념의 이야기는 완전 달라진다. 즉, 스피드경쟁이 근본부터 무너진다. 먼저 한판를 격자한 자가 뒤늦게 한판을 격자한 자에게 패할 수 있다는 것이다. 먼저 한판을 격자한 다음 완전히 일족일도의 안전거리로 빠져나올 때까지는 절대 방심하지 말고 어떤 역공의 상격도 만들지 말아야 하며, 상대에 대한 시선도 끊어서는 아니 되고 계속 주시하여야만 할 것이며, 자기 등 뒤도 상대에게 보이면 위험하다. 그리고 안전거리로 도망간 뒤에 돌아설 때 맹인검술방어이긴 하지만 이렇게 존심을 나타내려는 것은 이 경우 계속 존심유지에 대한 강조의 일관성 있는 이야기가 된다. 그러면 이러한 존심유지의 개념 하에서는 반드시 우선 기회포착을 잘하여서, 홀로 상대

호|신|검|술

를 격자하지만 또한 격자 후에도 어떠한 역공의 상격을 당하지 않는 깨끗한 한판을 만들어야만 승리할 수 있다는 결론이 된다.

필자의 개인적 소견으로는, 원래 윗머리작은머리치기직진은 사실상 유리하게 비호하는 심판관행이 만들어낸 허점투성이의 이상한 검술동작모형이라고 본다. 팔을 들고 상대에게 급히 달려드는 자체가 투신자살행위 비슷하다. 추측건대, 실전이라면, 아무도 이렇게도 호신이 너무나 취약한 머리치기 표준동작을 아마도 감히 절대 시도하지 못할 것이다. 사실상 이러한 머리치기는 실전에서는 거의 사용할 수 없는 오직 시합 심판에서만 유리하게 만들어진 가공의 검술동작모형이라고 생각된다. 심지어는, 검술전문가들이 코칭하여 만든 수많은 검술영화에서도 아직까지 이런 머리치기 표준동작을 필자가 본 기억조차 없다.

02

상대에 대한 시선을
무조건 놓치지 않는다

•

호신검술에서는 상대에 대한 시선을 절대로 놓치지 않는다. 더군다나 상대에게 자기의 등을 보이는 것은 절대금물이다. 따라서 머리치기를 할 때도 상대방의 윗머리를 치고 자기 몸이 앞으로 나가는 공격검술 보다는, 상대방의 이마머리를 치고 자기 몸이 뒤로 빠져나가는 호신검술을 더욱 선호한다.

시선을 놓치는 경우는 공격검술에서는 머리치기뿐만 아니라 허리치기를 하는 경우도 역시 마찬가지이다. 대체로 현행 상대의 허리를 친 뒤에 상대에 대한 시선을 끊고 도망가듯이 멀리 나간 다음에, 돌아서면서 방어적 칼을 휘두르며 중단의 자세를 취한다. 그러나, 머리치기뿐만 아니라 허리치기에서도 상대를 향한 자기의 시선을 무조건 놓쳐서는 안 된다. 시선을 놓치는 것은 잘못된 검리이다. 시선을 놓치는 경우는 비유적으로 마치 눈 감고 운전하는 것과 비슷한 문제를 일으킨다. 따라서 허리치기에도 퇴격으로 빠지는 것을 권장하는 이유이다. 손목치기의 경우도 마찬가지이다.

 따라서 호신검술에서는 머리치기를 할 때, 상대의 윗머리가 아니라 이마머리를 친 다음에 계속 상대를 보면서 퇴격할 것. 그리고 허리치기를 하는 경우에도 마찬가지로 허리치기를 한 뒤에 계속 상대를 보면서 자기 몸을 약간 회전하면서 퇴격을 할 것이다. 1대 1의 검술에는 어느 경우에도 절대 상대에 대한 시선을 놓치는 경우를 허용해서는 안 된다. 다만, 1대 다수를 상대하는 경우에는 그 상대를 달리할 때마다 부득이 회전하여 방향을 바꿀 때 시선을 순간적으로 놓치는 경우는 불가피할 것이다. 물론, 호신검술은 1대 다수에서, 이처럼 시선을 놓치는 경우의 위험을 최소화하려는 위치를 확보하고 또한 시선을 놓치는 순간을 보완할 호신방법 대책을 반드시 강구하여야 한다고 본다.

03

퇴격을 많이 사용한다

—————————— • ——————————

호신검술에서 퇴격동작은 전진동작보다 더 중시된다. "퇴격검술동작의 최대장점들로서는 우선 상대편을 향하여 시선을 절대로 놓치지 않는다는 점이다." 그리고 격자 후 뒤로 빠져나오면서 호신의 철저함을 꾀한다는 점이다. 호신검술에서는 바로 이러한 퇴격검술동작들을 거의 모든 격자에서 최대한 적극적으로 활용한다.

호신검술에서 퇴격은 매우 중요한 검술동작이고 그 특징이 된다. 안타깝게도, 퇴격동작의 경우는 현행 시합에서 점수를 획득하기 상당히 어려운 기술이다. 물론, 이것은 오직 심판상의 문제라고 본다. 그러나 이 퇴격동작의 가장 큰 장점은 언제나 시선을 상대로부터 떼지 않는 점이고 언제나 경계를 하는 격자 직후 호신의 최적 상태라는 점이다.

따라서 머리치기퇴격의 경우는 윗머리가 아니라, 좀 더 가까운 이마머리 부분이 더 적합할 것이다. 그리고 이 경우 팔이 위로 많이 올라가지 않아서 상대에게 팔이 역공을 당할 가능성이 머리 위를 치는 경우보다 훨씬 낮을 효과도 있을 것이다. 이 경우 팔을 길게 뻗어야 하는 부담도 적다. 머리치기의 퇴격은 퇴격 후 똑바로 뒤로 빠지는 경우도 있지만 퇴격 후 오른쪽이나 왼쪽으로 퇴격의 몸이 약간 비켜서 빠지는 경우도 있다.

"호신검술에서는 다양한 퇴격동작을 매우 많이 사용하고 권장하는 편이다." 이러한 강조점이 공격검술과 큰 차이를 나타내는 호신검술의 또 하나의 주요 특징이다. 머리치기나 허리치기나 손목치기 찌름 등 어느 경우에도 모두 퇴격으로 마무리한다. 즉, 앞으로 치고 나가면서 상대를 향한 시선을 끊고 동시에 상대에게 자기의 등을 보이는 경우는 호신검술에서 전혀 허용하지 않는다.

"머리치기에서 머리 위가 아닌 이마머리치는 것을 권하는 것도 이 퇴격기술과 적합적 관계가 있다." 그리고 호신검술에서는 손목치기를 한 다음 상대의 몸에 아주 가까이 다가가서 멈추는 것을 지지하지 않는다. 상대의 몸에 가까이 접근하여 다가가기를 함으로서 잠시 방어를 하였지만, 이때 아직 호신의 상태가 완성된 것이 아니라고 본다. 손목치기도 모두 퇴격으로 역공의 상격을 당

함이 없이 일족일도의 안전거리 밖으로 성공적으로 빠져나와야만
호신이 인정될 수 있다. 즉, 이때 득점이 될 수 있다.

04

처음의 중단자세 위치까지 피함

—————————— ● ——————————

호신검술에서 모든 격자 후 퇴격으로 마무리를 하게 되는데, 처음의 중단자세 지점까지, 즉 원래 시작의 상태까지만 가면 된다. 퇴격동작은 너무 멀리 뒤로 갈 필요가 없다. 자기의 시선이 끊어지지 않고 방어자세를 유지하는 것이 가능하기 때문에 상대편의 칼이 자기에게 닿지 않은 거리, 즉 일족일도의 안전거리 밖이면 충분하다.

대개 퇴격이라고 하더라도 자기가 지나왔던 거의 처음의 위치까지이기 때문에 공간적으로 안전하다. 약간 옆으로의 퇴격은 이미 자기의 눈으로 확인해 둔 위치일 것이므로 역시 문제가 없다. 호신검술은 상대에 대한 시선을 끊고 동시에 상대에게 자신의 등을 보이며 멀리 빠르게 도망가듯이 가서 돌아서는 공격검술의 방법과는 전혀 다르다. 직진동작이라고 해서 퇴격동작보다도 더 투지가 있다고 간주하는 것은 오해이다. 검리상, 작전상 퇴격동작을 선택하는 것일 뿐이다. 호신검술은 상대적으로 매우 좁은 공간에서도 실력을 발휘할 수 있는 검술이 된다.

05

상대의 공격을 방어하면서 격자

•

호신검술은 일차적으로 자신의 몸을 보호한 후에 이차적으로 상대를 격자하는 방식이다. 대체로 기회가 포착될 때만 공격하고 다른 경우는 방어에만 집중한다. 기회가 아닐 때 공격하는 것은 자살행위이다. 한칼 한칼 철저히 기회 포착 후에 공격하는 것을 권하며, 방어하는 중에 그 기회가 만들어진다. 그리고 상대에 칠 곳을 보는 것이 아니라, 주로 상대의 칼의 움직임을 봐야 한다. 그래서 호신검술은 우선적으로 방어를 위하여, 칼 피하며 격자, 칼 막고 격자, 칼 스쳐올리며 격자, 칼을 감고 격자, 살짝 걷어 올리며 격자 등등의 방법을 많이 쓴다. 즉, 불확실한 자신의 스피드에만 호소하지 않는다. 그러니까, 안정적인 호신검술은 대체로 선방어후 공격(先防禦後攻擊)의 2단계 이상의 다단계 동작설계로 비교적 기술에 승패를 거는 경향이 강한 반면에, 이것은 직접공격의 1단계 단일동작에서 주로 오직 스피드로만 승패를 거는 단순한 모험적 공격검술과는 상당히 그 특징이 상반된다.

내가 더 **빠**를 것이라고 가정하는 검술은 1회에 직접 격자하는 공격검술인 반면에, 내가 더 늦을지도 모른다는 가정 하의 검술은 방어하면서 격자하는 호신검술이라고 할 것이다. 호신검술의 관점에서는, 자기 칼의 스피드는 도움이 되겠지만, 절대 믿지 말라. "뛰는 놈 위에 항상 나는 놈이 있다"라는 말을 받아들임과 같다. 즉, 스피드만으로는 절대 승리를 장담 못 한다.

따라서 "공격검술은 주로 스피드를 경쟁하는 한칼 승부의 직접적 검술이라고 말한다면, 호신검술은 방어하면서 치는 연속동작의 간접적 검술이라고 표현할 수 있을 것이다". 그리고 공격검술은 공격 시에 상대를 치려는 격자부위를 바라보는 경향이 강한 반면, 호신검술은 오히려 상대편 칼의 움직임을 놓치지 않으려고 더욱 집중하며 상대의 칼의 움직임에 대한 예측도 더욱 정확하도록 매양 수련하는 것이다.

그러므로, 가급적 자기가 먼저 공격하지 않는다. 그 대신 중단한 채로, 주로 목찌름 직전의 자세로, 한발씩 천천히 조금씩 상대에게 다가간다. 그리하여 상대편의 칼이 먼저 움직이도록 유도하는 것이다. 이때, 호신검술은 상대의 움직임을 조금이라도 빨리 감지한 후, 선방어 후에 공격을 개시한다.

공격검술은 주로 일회의 1단계 동작으로서 상대의 칼보다 자신의 칼이 먼저 상대를 격자하는 '스피드'에 모든 것을 건다. 1단계 동작으로 직접 상대방을 공격하면, 주로 상격이 되거나 스피드 싸움이 될 뿐이다. 이 경우 자기의 스피드가 세계 최고라는 사실상의 자신이 없으면 별 의미 없다. 왜냐하면, "언제나 뛰는 놈 위에 나는 놈이 있다"라는 속담과 같은 경우가 있기 때문이다. 만약 다양한 사람들과 검술 대결의 횟수가 많으면 많을수록, 결국 자기가 패할 가능성이 반드시 더욱더 높아질 것이다.

그러나 호신검술은 대체로 2단계 이상의 다단계동작으로서 언제나 상대의 칼을 방어하면서 허점이나 약점을 공격하는 '연속동작'에 주력한다. 자기의 스피드가 설사 상대보다 더 빠르다는 확신이 들더라도, 최악의 경우를 상정하여 1단계 동작의 스피드 직접 공격이 아닌, 2단계 동작 이상의 선방어 후 공격의 연속적인 간접 공격을 선호한다. 아마도 이때, 상대의 칠 곳을 보는 것이 아니라, 상대의 칼의 움직임을 보면 더욱 유리할 것이다.

호신검술은 먼저 상대의 칼은 막거나 피하는 등의 단계를 거친 다음, 그 순간 만들어지는 상대의 허점을 이용하여 상대를 공격하며, 1회의 한칼로 바로 공격하지 않는다. 이것은 스피드로 승리를 거의 장담할 수 없기 때문이다. 이렇게 상대를 방어하면서 공격하는 2단계 동작 이상이, 1단계 동작의 스피드 직접공격보다 대체로 더 좋은 바람직한 기술로 보인다.

호신검술에서는, 아주 하수를 상대하지 않는 한 가급적 상호 간 스피드 경쟁을 하지 않는다. 기회가 확실히 포착될 때만 공격을 시작하고, 기회가 아닐 때는 철저하게 방어에만 집중한다. 상대방의 스피드 수준을 모르는데, 기회가 아닐 때 공격하는 것은 마치 자살 행위와 다름없을 것이다.

"이기는 것만 알고 지는 것을 모르면 화가 자기 몸에 미친다"라는 말은 옛날 일본을 천하통일한 도쿠가와 이에야스가 언급한 것으로 알고 있다. 이것은 스피드로 항상 자기가 이기는 것만 생각하는 사람은 반드시 참고할 명언이라고 생각한다. 즉, 이 명언은 물론 원래 의도하지 않은 결과이겠지만, 호신검술을 지지하는 뜻과도 연결된다고 본다.

필자는 평소에 호신검술의 원리 및 검리를 충실하게 가장 많이 내포한 전형적이며 대표적인 호신검술 특기 하나를 늘 연습해 왔다. 만약 이것을 천번 만번 반복 연습하면, 아마도 호신검술 수련에 큰 도움이 될 것이라고 본다.

"첫째, 자기의 왼발이 앞으로 나아가며, 상대편이 자기를 향한 머리치기나 목찌름, 손목, 허리치기의 모든 가능성을 미리 감안하

여 상대의 칼을 감아서 상대의 이마머리를 친 후, 성공하면 바로 퇴격으로 빠진다. 그러나

둘째, 이 이마머리치기가 실패할 가능성이 있으면, 바로 왼발을 뒤로 위치시키며 상대의 칼을 막으면서 상대의 얕은 왼허리를 치며, 다시 퇴격으로 빠진다.

셋째, 이 얕은 왼허리도 실패할 가능성이 있으면, 얕은 왼허리치기에서 상대의 가능한 다시 머리치기를 스쳐 올리면서 다시 상대의 이마머리를 친 후 다시 퇴격으로 빠진다."

물론 여기의 특기에서, 격자하는 부위에 따라, 상대편의 반응에 따라 다양한 각종 동작 변형들이 존재할 수 있고, 또한 좌우 똑같은 검술동작의 설계가 가능하다.

위의 호신검술 특기의 변형의 하나로는 칼을 감아서 이마머리 대신 손목이나 상대의 오른허리를 치는 경우도 있다. 이것이 실패할 가능성이 있으면, 다시 치러오는 상대의 칼을 스쳐 올려서 상대를 향한 이마머리치기후 퇴격한다. 좌우 경우 마찬가지이다.

변형의 둘째로는 칼을 감아서 머리치기하려고 할 때, 상대가 감는 칼의 뒤를 공격할 때, 감는 방향을 정반대로 바꾸어서 상대의 왼허리를 치고 퇴격한다.

변형의 셋째로는, 칼을 감아서 상대의 손목이나 상대의 오른허리를 치려고 할 때, 상대가 머리치기공격을 하면, 상대의 그 칼을

걷어 올리면서 다시 상대의 손목이나 상대의 오른허리를 치고 퇴격한다.

이상의 변형 기술의 하나부터 셋은 물론 좌우 똑같은 검술동작의 설계가 가능하다.

변형의 넷째, 칼을 감아서 상대의 오른 머리, 오른손목, 오른허리를 치려고 하다가 상대가 머리치기 공격이 들어오면, 방향을 반대 방향으로 바꾸어, 칼을 감아서 상대의 왼머리, 왼손목, 왼허리를 격자하며 퇴격한다. 실패의 가능성이 있으면 처음으로 방향을 정반대로 바꾸어 격자하며 퇴격한다. 또 실패할 가능성이 있으면 다시 정반대로 방향을 바꾸어 이를 반복하는 방법이다.

그밖에 호신검술에서 단편적인 방어검술동작들을 일별하면, 목찌르기중단자세, 칼 피하기, 칼 스쳐올리기, 칼 살짝걷어올리기, 칼막기, 칼감기로 나눌 수 있다.

이 중에서, 상대편의 머리치기에 대한 칼 감기의 경우에 대하여만 좀 더 부연 설명해 보고자 한다. 다른 방어동작도 똑같지는 않겠지만 비슷하게 준용될 수 있을 것이다.

1) 자기가 상대의 칼 감기를 할 때, 흔히 상대가 자기의 칼을 감으면서 지나가는 길의 반대 방향에서 비스듬히 자신을 공격하는 경우가 있다. 상대가 자기의 칼에 감기지 않게 하면서 이러한 역공을 할 가능성을 언제나 유의 예상하는 것이 필요하다. 이때, 자기의 칼을 감는 동작의 방향을 급히 바꾸면서 다가오는 상대의 왼허리를 치면서 퇴격으로 빠진다. 이 때 상대에 대한 왼허리치기가 성공을 못 하면 자기는 똑같은 동작으로 상대에 대한 왼허리치기를 2번 혹은 3번 반복하면서 퇴격으로 빠진다.

2) 상대의 자기를 향한 머리치기를 자기의 칼로써 매우 깊숙이 감으면서, 자기의 몸을 자기의 왼쪽 방향으로 옮기고 틀면서 상대의 왼허리를 격자한 후, 퇴격으로 자기의 왼쪽으로 빠지는 방법이다. 물론, 이때도 자세를 바르게 하고 절대로 상대의 움직임에 대하여 시선을 끝까지 놓쳐서는 안 된다. 특히 고개를 숙여서는 안된다(잘못하면 부상을 당한다). 이때, 상대가 자신의 칼을 막고 자기의 머리를 재차 공격하든지 아니면, 상대가 바로 자기의 머리를 재차 공격하든지 간에, 어느 경우라도 자기는 상대의 머리치기 칼을 자기의 오른쪽으로부터 막으면서 오른허리치기퇴격으로 자기의 왼쪽으로 길게 빠지는 방법이다.

3) 상대의 머리치기를 막고 앞으로 걸어 나가면서 상대의 왼허

리치기, 그리고 또 이것의 반복. 혹은 뒤로 걸어 나가면서 상대의 왼허리치기, 그리고 또 이것의 반복. 그리고 반대로 상대의 머리치기를 막고 앞으로 걸어 나가면서 상대의 오른쪽 허리치기, 그리고 또 이것의 반복 혹은 뒤로 걸어 나가면서 상대의 오른쪽 허리치기, 그리고 또 이것의 반복.

4) 이러한 호신검술은 주로 선방어 후 공격의 2단계 이상의 다단계동작이기 때문에, 1단계 직접격자의 공격검술보다 격자 전에 상대의 몸이 훨씬 더 가까이 자기에게로 다가온다. 일족일도의 안전거리로 빠져나오기 위하여 부득이 퇴격의 동작을 대부분 사용하는 것이다. 즉, 퇴격은 상대의 움직임에 대한 시선을 놓치지 않는 이점 외에도 격자후 안전거리를 쉽게 확보하는 효과도 주는 것이다.

5) 상대의 칼을 감아서 공격할 때, 그 감는 행위는 확실해야 하며 어정쩡한 동작이면 약점이 만들어지고 오히려 역공을 당하기 쉽다.

6) 상대편의 칼을 감아서 격자할 때, 칼을 감은 후 최대한 낮추어 자신의 오른쪽 허리 및 손목의 방어도 함께 충분히 고려할 것. 그리고는 칼을 자신의 오른쪽 아래로 내리면서 상대편 왼허리를

퇴격으로 친다. 이때 정교한 타이밍과 칼의 위치를 놓치면 또다시 오른쪽 손목을 재차 역공당한다.

7) 앞의 검술모형 설명은 대체로 공격하는 상대편 칼에 대하여 상대편의 오른쪽 방향으로 칼감기 및 칼막기를 하는 선방어 후 공격의 호신검술에 관한 언급이었지만, 당연히 똑같이 공격하는 상대편의 칼에 대하여 왼쪽 방향으로의 칼감기 및 칼막기의 호신검술이 가능함은 물론이다. 같은 원리의 반복이므로 수련 과정은 역시 마찬가지로 똑같이 필요할 것이다.

자기 등을 상대에게 보이지 않는다

•

머리치기나 허리치기 후에 시선을 끊고 자신의 등을 보이는 것
은 잘못이다. 상대에게 등을 보인다는 것은 언제나 그 자체가 패배
를 의미한다. 자기 등을 상대방에게 보이는 순간 자신이 완전 무력
화되기 때문이다. 검술은 병법의 축소판이다. 병법에서도 군이 후
퇴하더라도 적을 바라보면서 방어하면서 질서 있게 후퇴하는 것이
지, 절대로 등을 보이며 사력을 다하여 혼비백산하여 도망가는 것
을 절대 권하지 않을 것이다.

대결 장소의 공간을 줄인다

———————————•———————————

　호신검술은 거의 모든 격자를 퇴격동작으로 마무리하며 원래의 중단자세까지로 돌아오는 것이므로 대결 장소의 공간을 크게 줄일 수 있다. 이것은 호신 검술을 실전에 더 가까운 검술로 만드는데 일조를 할 것이다.

윗머리가 아닌 이마머리를 공격

•

공격검술의 머리치기가 먼 거리의 윗머리를 어느 정도 스치듯이 치는 것에 반하여, 호신검술은 가까운 거리의 이마머리를 치고는 퇴격으로 빠져나간다. 그리고 이로써 호신검술은 공격검술의 머리치기가 상대의 몸 가까이 지나치며, 상대를 향한 시선을 끊고, 자기 등을 보이는 약점들을 모두 피할 수 있다. 즉, 호신검술에서 이마머리치기를 한 뒤에는 직진하여 상대방의 몸 가까이 스쳐서 지나치는 것이 아니라, 직후진퇴격, 좌방향퇴격, 우방향퇴격으로 동작을 끝내는 것을 권장한다. 당연히, 이 경우에 자기는 상대방을 향하여 시야를 반드시 놓치지 않는다.

페인트모션을 잘 활용한다
(병법의 축소판)

●

호신검술은 이렇게 페인트모션을 잘 활용해야 한다. 스피드를 강조하는 정공법의 공격검술에서는 이러한 기만술을 싫어할지도 모른다. 그러나 검술은 병법의 축소판이다. 검술스포츠는 공인된 위계술이다. 검술에도 지피지기가 중요하다, 그리고 성동격서, 허허실실, 은폐엄폐의 위장술 등등 상대를 기만하는 기만술이 잘못된 것은 아니다. 예를 들면, 상대의 머리를 치려는 듯 속인 후, 오히려 상대의 허리를 치면서 몸을 약간 각도를 돌려 퇴격으로 빠진다. 이것은 물론 정당하고 좋은 검술 중 하나다. 이를테면, 검술의 기만술을 배제하고 속이는 동작을 하지 않는 정직한 칼만을 운운하는 것에는 동의하기 어렵다. 머리를 치는 듯하면서도 허리를 치고, 허리를 치는 듯하면서도 머리를 치는 것은 물론 사실상 공격검술에서도 역시 어느 정도 허다하다. 다만, 호신검술에서는 스피드

대결을 피하기 위하여 이러한 기만술을 상대적으로 더욱더 많이 쓰게 된다는 점이다.

단지, 검술수련을 하는 경우에 수련생이 사범의 말을 듣지 않고 자꾸만 속이는 동작만을 할 경우에 오직 '수련의 효율성'을 위하여 당분간 금지하는 것은 별개의 문제이다.

기만술의 또 다른 예로, 상대로부터 손목치기를 쉽게 당하지 않기 위하여 대개는 자기의 팔을 높이 들지 않는다. 그러나 오히려 자기의 들어 올리는 손목을 상대가 칠 것이라는 것을 예상하고서 대응책을 강구하면서 상대방의 동작의 유인책으로 팔을 들어 올리는 수도 있다. 호신검술에서는 이러한 적극적인 기만술도 공격검술과는 달리 제약 없이 활용한다.

대개, 상대편의 일부의 동작에만 너무 집착하거나 민감하면 상대편의 페인트 전략에 걸리기 쉬울 듯하다.

10

항상 존심(存心) 유지의 특징

●

공격검술에는 상대가 완전 죽었다고 가정(완전 거세되었다고 가정)하는 "한판의 검리"와 상대가 아직 죽지 않고 살아있다고 가정(완전 거세되지 않았을 가능성을 가정)하는 "존심의 검리"가 서로 상호모순적이지만 동시에 병존하고 있다. "이것은 현행 공인검도에서 내포하고 있는 매우 중요한 문제점이다. 이것은 공격검술의 검리의 자체가 사실상 논리적으로 이현령비현령(耳懸鈴鼻懸鈴)이라는 뜻이다." 그러니 이 심판의 결과도 역시 어찌 이현령비현령되지 않을 수 있겠는가? 원래 검술의 내용은 심판의 규정에 의하여 좌우된다. 따라서 검술의 내용의 발전 자체도 논리상 역시 뒤죽박죽 이현령비현령되지 않을 수 없다.

이에 반하여, 호신검술에서는 오직 존심의 검리만 항상 변함없이 존재하고 있다. 따라서 격자 전후 항상 상격을 허용해서는 안

된다. 즉, 상격 하에서는 득점이 무조건 불가(不可)하다는 뜻이다.

공격검술은 검리상 근본적 상호모순을 내포하고 있다. 특히 한편으로는 상대가 한판의 격자에 의하여 죽었다고 생각하는 가정과, 다른 한편으로는 상대가 한판으로도 죽지 않을 수도 있다는 가정의 상호 모순 상태가 동시에 병존하고 있다. 이러한 검리상 상호모순 때문에 시합 때에 심판의 결과가 마치 귀에 걸면 귀거리 코에 걸면 코거리처럼 제멋대로의 이현령비현령의 결과를 낳는 것을 피할 수 없다. 이러한 혼란은 물론 심판자의 잘못이 아니라, 바로 이러한 근본적인 검리자체의 상호모순의 혼재 때문이다. 아무리 훌륭한 초고단자가 심판를 보더라도 이러한 혼란의 결과는 마찬가지일 것이다.

공격검술에서 가령 한판의 격자들이 순간의 차이로 상격을 이루어지면 스피드가 빠른 선수가 득점한다. 왜냐하면 그 뒤에 조금이라도 늦은 상대의 칼은 죽은 칼, 즉, 죽은 뒤의 칼로 간주되기 때문이다. 그러나 어떤 경우는 다른 심판의 결과를 내놓는다. 상대로부터 한판의 격자를 당했지만 뒤늦은 자기의 한판의 칼에 승리를 안겨주는 경우도 있다. 왜냐하면 상대가 존심을 갖지 않아서 역공을 당했으며 이로써 자기에게 패배한다는 것이다. 이와 같이 심판자는 자기의 심판의 결과에 대하여 모순된 검리를 내세우며 언제든지 자기 자신의 의사결정을 합리화시키며 빠져나갈 수 있다. 즉, 검리가 이현령비현령이니, 심판은 당연히 이현령비현령이 될 수밖에 없을 것이다. 뿐만 아니라, 검술의 내용도 심판의 규정에 의하여 좌우되기 때문에, 검술의 발전 방향도 심한 혼란을 겪는 것도 모순의 논리상 어쩔 수 없다.

| **11** |

평탄하지 않은 지면을 가정

●

호신검술은 상대를 격자하고 매우 빠르게 직진으로 달려 나가는
검술이 아니기 때문에, 지면이 평평할 것을 상대적으로 전제하지
않는다. 이것도 역시 호신검술이 더욱 실전에 가깝도록 만드는 데
일조를 할 것이다.

목찌르기의 중요성

───────────── ● ─────────────

목찌르기는 원래 강력한 공격기술인 동시에 매우 중요한 호신기술이기도 하다. 이 호신적 우월성 때문에 목찌르기는 호신검술의 한가지 특징으로 평가하는 것이다. 목찌르기는 대개 중단자세와 결합하여 사용하기에 적합하다. 중단자세에서 찌르기는 가장 짧은 거리에서 적을 공격할 수 있기 때문에 대개 상대보다 빠르게 먼저 격자할 수 있다. 이 때문에 이러한 유리한 목찌르기 검술은 특히 상대가 머리치기로 쉽게 다가오거나 함부로 자기에게 달려들지 못하게 하는 확실한 호신의 검술이기도 하다. 그리고 목찌르기는 '공격이 최대의 방어'라는 원리에도 해당될 수 있다.

중단자세는 상대편의 목찌르기 급소를 정면으로 겨냥하고 있다. 상대의 눈, 목, 가슴, 배 등의 찌름도 가능하겠지만, 대개 스포츠 시합에서는 안전의 문제와 호구호면를 착용하고 있기 때문에 목의 인후두만을 겨냥하는 것으로 한정하고 있다. 그리고 옆으로 비스듬히 찌르는 것도 제한한다. 왜냐하면 선수들이 다칠 우려가 있기 때문이다. 그러나 이것은 검술스포츠에 대하여 국한된 이야기이며, 검술의 실전세계에서는 물론 이런 까다로운 제약이 모두 없을 것이다.

목찌르기를 효율적으로 성공시키기 위하여 엇박자를 활용할 수도 있다. 상대방이 타이밍을 예측하지 못하게 하는 것이다. 그리고 더 나아가 머리나 다른 곳을 격자하는 듯하다가 목찌르기를 하는 것이다. 흔히 이러한 거짓 동작을 잘못되었다고 말하는 사범들이 있다. 수련을 잘하기 위하여 정도(正道)부터 가르치기 위한 교육용으로는 여기에 동의할 수 있겠지만, 검술은 병법과 마찬가지로 근본적으로 공인된 속임동작의 연속이라는 것을 잊으면 안 된다.

중단자세로서 목찌르기의 완벽한 호신자세를 그대로 두고서는 이러한 호신자세 중의 상대방을 공격하기가 매우 힘들 것이다. 그래서 공격자는 어떻게 해서든지 자기에게 불리한 이 '중단자세와 결합된 목찌르기'의 상대방의 호신자세를 무너뜨리고 나서야 공격을 시도하려고 할 것이다. 이때 방어자는 이러한 속임동작에도 흔들리지 않은 자기 마음의 콘트롤이 역시 중요하게 된다.

목찌르기를 할 때 상대방이 대개 놀라거나, 혹은 방어를 하기 위하여 팔이 들리는 경우가 대부분이다. 목찌르기를 하는 척하면서 손목을 치는 경우가 잘 먹힌다. 따라서 상대방이 목찌르기로 공격이 들어올 때는 팔을 들어올려야 하는 기술보다는 몸을 뒤로, 혹은 좌우로 피하거나, 손을 배꼽 아래로 위치시키는 중단으로 있다가 상대의 칼을 좌든 우든 살짝 걷어 올리면서 똑같은 목찌르기로써 다시 역공하는 방법이 좋다고 본다.

III

호신검술의
심판규정 및
제안사항

01

호신검술의 심판 규정이 다르다

●

공격검술이든 호신검술이든 모두 실전을 가정한 모의검술이다. 그러나 공격검술에서의 득점 판단은 상대가 칼에 맞았을 때, "확실히 죽는 기준(혹은 확실히 거세된 기준)"이다. 상대가 칼에 맞아도 죽지 않을 가능성이 있다고 상정되면 득점되지 않는다. 소위, 기검체(氣劍體)일치, 유효격자, 정확한 격자칼부위 및 몸부위, 격자각도, 격자강도, 존심 등등을 득점조건으로 내세움으로써 그 득점 과정이 매우 까다롭다. 심판에 영향을 주는 수많은 요인들과 또한 이 각각의 요인들의 정도 차의 문제의 결정은 오직 심판자에게 달렸으니, 사실상 공격검술심판에 객관적 기준이란 원래 존재하지 않는다고 볼 수 있다. 그러므로 득점이 인정되는 '한판'이라는 말이 얼마나 애매모호한 것일까? 현행 공격검술에서의 심판기준은 어떤 권위로부터 아무리 그럴듯하게 그 공정성을 겉으로 포장하더라도, 냉정하게 객관적으로 말하자면, 이러한 이유들 때문에, 처음부터 근본적으로 천태만상(千態萬象)을 피할수 없다는 뜻이 된다.

공격검술에서는 때때로 수없이 계속 상대를 격자해도 대부분 득점으로 이어지지 않는 경우도 있다. 왜냐하면, 완전한 한판이 아니라면, 즉, 소위 칼 같지 않은 칼에 맞으면, 아무리 상대편의 칼에 맞아도 괜찮다는 것이다. 선수들은 경기진행 도중에 심판이 승리의 깃발을 들어주기 까지는 상대를 격자해도 이것이 한판인지 아닌지를 알 수 없다. 이 '한판이라는 개념'은 너무나 주관적이어서, 심판에서 승자를 상당히 마음대로 정할 수 있게 만들 뿐만 아니라, 만약 고단자가 실력이 없더라도, 만약 나쁜 마음만 먹으면, 이 한판이라는 개념을 내세워서 자기의 실력 수준을 얼마든지 저단자(低段者)에게 은폐시킬 수 있다. 따라서, 누가 한판임을 결정할 것인가가 늘 문제일 것이다. 그러나 이제는 공격검술에서 이러한 주관적인 심판의 결과가 얼마나 일반인들에게 신뢰를 받고 있는지를 스스로 반성해 볼 필요가 있다고 본다.

필자가 지금까지 약 20년간 검도의 경력을 갖고 있지만, 시합이나 상호 연습과정에서 상대를 격자한 수천 번이나 수만 번의 격자 중에서 이 득점 조건들을 제대로 충족시키는 깨끗한 한판들이 도대체 몇 개라도 있었을지는 아직도 스스로 확신하지 못하고 있다. 그러니 검도의 문외한이 검술시합 심판을 볼 때는 어떠할까? 더군

호│신│검│술

다나 심판자마다 또한 그 판단기준이 모두가 서로 조금씩 다를 것이다. 그만큼 '한판이라는 개념'이 어렵다는 것을 말하고자 함이다. 그리고 이 한판이라는 개념으로는 진짜 실력을 평가하기가 근본적으로 주관적이다는 뜻이기도 하다. 이러하니 수많은 검술시합 관람객들이 이러한 검술의 심판기준을 매우 의아해하는 것은 지극히 당연하다.

기존의 공격검술의 시합에서 일반인은 물론이고 오래 수련한 고단자들도 심판 결과를 이해하기 힘든 경우가 많다. 누가 심판하느냐에 따라서 결과가 엄청나게 달라진다. 검도시합이 대개 대중들의 큰 관심과 흥미를 끌지 못함은 심판의 복잡성 및 난해성 때문일 것이다. 더구나, 소위 "귀에 걸면 귀걸이, 코에 걸면 코걸이(耳懸鈴鼻懸鈴이현령비현령)"의 심판의 주관성에 기겁할지도 모른다. 아니, 대중들이 마음속으로 이건 완전 코미디라고 생각하지 않을까 우려되기도 한다.

이와는 반면에, 호신검술의 득점은 '칼이 정해진 몸부위에서 어느 정도 인지할 수 있는 최소한의 강도로 몸에 스치는 기준'이다. 칼이 어느 쪽에 스친 사실을 자타가 공히 인정하기만 하면 격자한 쪽의 득점이 된다. 다만, 격자 전후 상대방으로부터 상격없이 빠져나와야 하는 조건이 필요함은 앞에서 언급한 바와 같다. 이것은 칼이 조금도 자기의 몸에 스치는 것조차 용납하지 않는다는 기준이다. "상대의 칼이 내 몸을 스친 것만으로도 나의 검술실력의 결함이 크다는 인정이다." 이러한 관점은 공격보다 호신이 매우 중요하지 않을 수 없다는 것이다. 따라서, 우선 호신에 철저한 만전을 기하여야 한다. 물론, 호신검술의 경우도 100% 완전하지는 않겠지만, 검술심판의 객관성이 상대적으로 매우 높아진다. 호신검술에서는 일반인들도 누구나 언제든지 프로검도인과 마찬가지로 똑같이 쉽게 검술심판의 결과를 잘 이해할 수 있을 것이다.

기존의 심판기준의 관행은 공격검술의 관점이었다. 따라서, 앞으로의 호신검술의 시합에서는 호신검술의 원리에 입각한 새로운 별도의 심판 규정을 만들고 이를 기준으로 심판해야 공정할 것이라는 주장이다. 즉, 공격검술의 심판 규정과 호신검술의 심판 규정이 뒤섞여서 적용되면 안 된다는 뜻이다. 그리고 검술시합에 임하는 선수들도 공격검술에서는 공격검술의 심판 규정을 숙지하고 수련하거나 경기에 임할 것이며, 호신검술에서는 호신검술의 심판 규정을 숙지하고 수련하거나 경기에 임할 것이기 때문이기도 하다. 그리고 검술의 발전 방향과 내용은 바로 이러한 심판의 기준의 여하에 의하여 결정적으로 좌우되니 얼마나 심판에 대한 사전 이해가 중요할 것인가?

심판 차이의 문제를 요약하면, 공격검술은 상대를 격자하기 전이나 후에도 상대편으로부터 불완전한 칼을 자기가 아무리 많이 맞아도 별로 개의치 않는다. 오직 깨끗한 한판의 격자만을 얻는 것을 가장 중요시한다. 반면에, 호신검술은 상대로부터 손톱만큼도 자기가 격자 당하지 않는 것을 최우선시한다. 그다음에 기회를 봐서 상대를 격자한다. 그리고 그 상대를 향한 격자가 완전하든 불완전하든 별로 개의치 않는다. 그냥 상대가 칼에 맞았다는 것을 인정할 수 있는 수준이면 득점이 된다. 그러나 이 호신검술의 경우, 격자의 전후에 반드시 상격이 되지 않도록 해야만 유효격자이다.

공격검술에서는 상대가 한판의 격자를 당한 후, 상대가 완전히 죽었다고 가정함으로써, 상대가 그 뒤에 상격을 해도 이 상격의 역공은 죽은 칼로서 별 의미가 없지만, 반면에, 호신검술에서는 상대가 유효격자를 당한 후, 상대가 아직 어느 정도 살아있다고 항상 변함없이 일관성 있게 가정함으로써, 반드시 상대방의 상격의 역공에서 성공적으로 빠져나와야만 득점이 된다. 상격에 대한 중요성이 호신검술에서는 상대적으로 매우 크다고 할 수 있다.

공격검술에서는 한판격자를 강조하는 반면, 호신검술에서는 한판격자 보다는 격자 전후의 상격회피를 더욱 중시한다. 호신검술의 관점에서는, 언제나 한판의 격자만 중요한 것이 아니라, 그 한판 전후의 올바른 대처도 매우 중요하게 생각하고 있다. "한판격자의 성립여부 보다는 상격회피, 기회포착, 존심유지를 하는 검술

수준에 더욱 주목하고 있다고 평가할 수 있다. 격자하기 전에 상대의 칼에 맞지 않는 것은 주로 기회포착의 개념이며, 격자 후 상대의 칼에 맞지 않는 것은 주로 존심유지의 개념이다." 가령, 자기가 상대를 먼저 한판 격자했는데, 일족일도의 안전거리 밖으로 빠져나오기도 전에 꽝하고 한판을 역공으로 격자 당했다면, 자기는 존심유지에 실패한 셈이 되어 득점하지 못한다. 이 경우, 상대방도 한판 먼저 맞은후 나중에 자기를 격자했으므로, 기회포착에 실패한 칼이라고 간주되어 득점할 수 없을 것이다. 즉, 상대를 향한 격자 전에 상대의 칼에 맞으면 기회포착의 실패이며, 격자 후에 상대의 칼에 맞으면 존심유지의 실패이기 때문이다. 기회포착 및 존심유지를 갖춘 올바른 칼은, 상대를 향한 격자 전후에 역공의 상격이 없이, 오직 자기 홀로 상대를 격자 후 일족일도의 안전거리 밖으로 성공적으로 빠져나왔을 경우이다. 따라서 상격이면 어느 쪽이든 모두 무조건 득점을 허락해서는 안 된다.

득점이란 훌륭한 검술동작이라고 평가되기 때문에 주는 것이다. 한판격자 전후에 상격을 맞으면 과연 수준 높은 검술동작이라고 말할 수 있을까? 필자의 생각에, 상격을 당하는 한판의 격자에 득점을 주는 것은 잘못된 심판이라고 생각한다.

만약에 심판에 관한 관점과 기준이 달라지면, 과거에 수많은 시합에서의 승패가 서로 뒤바뀔 수도 있을 것이라는 생각들. 이것이

늘 필자의 머릿속을 떠나지 않는 문제였다. 호신검술 관점에서는, 한판격자만 중요한 것이 아니라, 그 한판격자 전후에 역공의 상격을 당하지 않는 것도 중요하다. 상격이면 쌍방의 실패이며, 어느 쪽도 득점이 불가하다. 왜냐하면, 이 상격회피의 여부는 기회포착의 여부 및 존심유지의 여부를 판단하는 증거가 되기 때문이다.

그리고 심판하는 시점은 한판격자가 발생한 시점이 아니라, 공격자가 상격의 역공을 당함이 없이 약 1초 뒤에 일족일도의 안전거리 밖으로 빠져나온 것을 확인 후에 심판이 승부의 깃발을 올려야 한다고 본다. 즉, 일족일도의 안전거리 밖으로 빠지지 않으면 아직 승부상황이 끝난 것이 아니다. 설사 한판을 격자했더라도 이 공격자가 일족일도의 안전거리로 빠져나가기 전에 즉시 승리의 깃발을 드는 것은 심판의 잘못이라고 생각한다. 왜냐하면 이것은 공격자가 존심유지의 상태인 것을 테스트 받을 기회를 미리 제거해 준 조치이기 때문이다.

우리 심판들은 대개 깃발 드는 행동형식은 합의가 되어 있는데, 실질적 심판기준에 대해서는 합의가 거의 되어 있지 않고, 검리의 상호모순때문에 심판자 각자는 제멋대로 혼란 중에 놓여있는 듯하다. 필자가 지금까지 공인검도를 접하면서 늘 의문과 큰 혼란을 경험한 것이 바로 이 심판 문제였다. 그리고 검술내용과 발전방향은 바로 이 심판기준에 의하여 얼마든지 달라질 수 있다는 생각이 들었다.

현행 공인검도(공격검술)에서는 서로 모순된 이 2가지 검리를 동시에 인정하고 있다. 따라서 심판결과의 혼란은 심판자의 잘못이 아니라, 검리자체가 이현령비현령이니, 그렇게 되지 않을 수 없을 것이다. 그 모순된 2가지 검리 중,

첫째는 "한판격자의 검리이다." 이것은 한판격자의 개념은 상대가 완전히 죽었거나 완전 거세되었다는 것을 가정하기 때문에, 선격(先擊)한 한판격자 뒤의 모든 칼은 모두 죽은 칼이므로, 나중의 칼은 시간차이가 길든 짧든 상관없이 아무리 맞아도 괜찮다고 보는 심판의 입장이다.

둘째는 "항상 존심유지를 해야 한다는 검리이다." 이 존심유지의 개념은 상대가 한판격자를 당한 후에도 죽지 않았을 가능성, 완전 거세되지 않았을 가능성을 가정하는 것이다. 따라서 한판격자 후에도 역공을 당하여 상격이 되면 존심유지에 실패했다는 증거가 된다. 즉, 득점할 수 없게 된다. 그러면 도대체 어느 쪽이 옳다는 말인가?

호신검술에서 득점을 하는 경우는, 상대를 격자하기 전에 역공을 당하지 않음으로써 기회포착에 실패하지 말아야 하고, 동시에 격자 후에도 역공을 당하지 않도록하여 존심유지에도 실패하지 않아야 한다. 쉽게 말하자면, 오직 상격을 당함이 없이 홀로치고서 상격을 당함이 없이 성공적으로 빠져나와야 한다. 만약에 격자 전

후에 역공으로 상격회피를 못하면 양 선수가 모두 실패한 칼로서 무조건 양자의 득점이 불가해야 옳다. 이렇게 되면, 상격회피를 위하여 선수들의 한칼한칼이 매우 신중해질 것이다. 그리고 검술의 기술적 적용과는 거의 관계가 없이, 그냥 무대뽀로 서로 달려드는 상격 충돌의 칼싸움들 중임에서도 불구하고, 어느 누가 득점을 건져가기도 하는 그런 괴상한 난투극들은 사라질 것이다.

그밖에, 호신검술에서는 상대의 몸(주로, 목 주변)에 칼을 대고만 있으면, 아무리 격자를 당해도 평가에 영향을 받지 않은 이러한 기존의 심판관행을 완전 제거할 것이다. 상대가 공격해 올 때는 언제나 최선을 다하여 확실하게 최대한 정식으로 방어하는 실력을 보여야 옳을 것이다. 그렇지 않고, 도대체 왜 칼을 소극적으로 상대의 몸에 그냥 어정쩡하게 대고만 있을까? 아무래도 이것이 공정한 검도심판의 결과를 왜곡시키는 큰 원인이 되고 있다. 만약에 실전의 경우라도 과연 이러한 동작들을 감히 할 수 있을까?

02

맞은 것은 맞은 것이다

●

산은 산이요, 물은 물이다. 마찬가지로 칼에 맞은 것은 맞은 것이고 안 맞은 안 맞은 것이다. 칼에 맞은 것을 안 맞았다고 우겨봤자 틀린 것이다. 상대의 칼에 맞는 실패에는 어떤 칼이든 언제나 부정하지 말고 정직하게 인정할 줄 알아야 한다. 이때는 대수롭지 않게 그냥 넘어갈 것이 아니라, 철저히 자기반성하고 그 원인을 꼼꼼히 따져봐야 한다. 고수가 칼에 맞았음에도 불구하고 자꾸만 상대편 자세 및 불완전한 칼임을 운운하면서 그 칼에 맞은 의미를 폄하시키거나, 칼에 맞은 자기자신을 합리화시키거나 변명하는 것은 옳지 않다. 자기자신에게 너무 관대하면 검술에 발전이 없다. 상대방의 약하고 불완전한 자세의 격자라도 자기가 먼저 당하면, 완벽한 칼이 아니라고 무시할 것이 아니라 반성해야 한다. 즉 자신이 당하는 격자에 대하여 고수일수록 자신에게 더욱 엄격해야 한다.

만약에 칼에 맞은 어떤 경우든 심판에서 절대 가볍게 다루지 않고 모두 무겁게 엄중히 다룬다면, 선수들의 한칼 한칼이 분명히 매우 신중해질 것이다. 좋은 기회 포착의 경우가 아니면 함부로 상대에게 마구 달려드는 경우는 거의 없을 것이다. 그리고 아마도 검리상 문제가 많은 '윗머리작은머리치기직진의 검술동작'을 할 가능성도 당연히 매우 크게 줄어들 것이 분명하다.

공격검술의 시합에서도 많은 검도인을 자주 당황하게 하는 경우가 있다. 이를테면 가령, 상대를 열 번을 격자한 사람이 계속 득점하지 못하다가 단지 한 번을 상대로부터 격자 당해서 패배한다는 것이다. 그 이유로는 열 번 격자한 선수가, 자세가 바르지 않기 때문에, 격자할 때 기합이 빠졌기 때문에, 칼의 힘이 약하기 때문에, 정확한 부위를 정확한 칼의 부분으로서 격자하지 못했기 때문에, 한칼에 완전히 절명시키는 칼이 아니라는 등등의 각종 이유를 든다. 특히, 한쪽이 머리치기로 들어갈 때, 다른 쪽에서 머리치기가 아닌 종류의 검술로 상대를 더 빨리 어떤 부위를 격자했을 경우에도 머리치기가 아닌 쪽은 대부분 무효로 처리되어 득점을 하기가 너무나 어렵다. 이것은 머리치기 우대의 경향으로서 매우 객관성이 결여된 판단이 아닐 수 없다.

반면에 호신검술에서는 이러한 주관적 판단을 크게 배제하고 있다. 칼이 몸의 득점 부위에 닿았음을 상호인정하기만 하면 무조건 득점이 된다. 그리고 공격검술처럼 꼭 상대를 죽이는 수준이어야 하는 완벽한 칼이 아니라, 상대가 부상을 입어 실력을 제대로 발휘할 수 없는 수준의 타격을 주는 칼이라면 충분하다고 보는 입장이다. 이 정도의 약한 타격이라도, 경기 시의 죽도이기 때문에 그렇지, 만약 실전의 진검이라면 매우 날카롭기 때문에 조금만 찔리거나 스쳐도 충분히 치명적인 부상을 입을 것이기 때문이다.

즉, 공격검술에서는 상대편으로부터 칼에 맞아도 사실상 제대로 안 맞아서 그 격자가 무효라고 주장하는 경우가 허다하지만, 호신검술에서는 "언제나 맞은 것은 맞은 것이다". 따라서 호신검술에서는 공격검술에서처럼 "맞은 것을 맞지 않은 것"으로 우기거나 간주하는 예외적 경우는 거의 없다고 보면 된다.

공격검술은 자기가 상대로부터 한판 격자가 아닌 수준의 칼에 맞은 것에 대하여 상당히 관대하거나 대수롭지 않게 생각하는 반면, 호신검술은 자기가 맞은 것에 대하여 스스로 자신에게 매우 엄격하게 적용하고, 어떤 종류의 상대방 격자로부터도 자기가 맞은 것에 대하여 자기 잘못을 먼저 스스로 용서하지 않는 자세를 취하게 된다. 호신검술에서는 상대방의 격자 자세가 어떠하든 상관없이, 또한 상대의 어떤 불완전한 칼이라도, 좀 약한 칼이라도 상대가 자기를 성공적으로 쳤다면, 즉, 자기가 방어하지 못했다면, "이 것을 잘못된 칼이므로 맞아도 괜찮다고 생각하는 것이 결코 아니라, 오히려, 심각한 자기자신의 실력 부족으로 반성하는 자세이다". 그리고 호신검술에서는 한판격자의 개념을 당연히 바람직한 격자수준으로 포함하지만, 설사 한판격자까지는 이르지 못하더라도 격자당한 상대가 인지할 수 있는 수준의 단순 격자라도 충분히 득점의 조건이 된다. 따라서, 호신검술은 공격검술보다 시합에서 심판의 객관성을 매우 크게 높인다고 볼 수 있다.

03

상격의 경우는 양쪽 다 실패한 것

───────────── • ─────────────

　호신검술에서 상격을 당하지 않은 것은 매우 중요하다. "상격이면 어느 쪽이 조금 더 빠르든 늦든 상관없이 양쪽 모두 실패한 칼로 간주하는 것이 옳다고 본다. 왜냐하면 상격의 유무는 기회포착 여부 및 존심유지여부를 판단하는 증거가 되기 때문이다. 상격이란 호신검술에서는 매우 중요한 주제이다. 호신검술에서는 상격이 있으면 무조건 득점을 허용해서는 안 된다.

　호신검술에서, 상격의 경우이면, 조금 더 빠르고 늦고는 별 의미없다. 이때 상대방의 칼의 한판조건도 필요없다. "상격의 경우이면, 상대의 칼이 자기의 격자보다 더 빠르게 격자하면, 자기가 기회포착을 못한 것이며, 상대의 격자가 자기의 격자보다 더 늦으면 자기가 존심유지를 못한 것이다." 즉, 상격이면 무조건 득점하지 못한다.

대개 공격검술에서는 한판격자의 선격(先擊)으로 시합상황이 끝이지만, 호신검술에서는 한판격자를 먼저 했다고 해서 끝이 아니다. 따라서 한판격자를 당했을 때, 칼 맞은 선수는 그냥 가만히 있지 말고, 즉시 역공을 시도하여 상격을 만들어내면, 양쪽의 득점을 무효화시킬수 있다. 따라서 어느 격자가 상격임을 상대에게 확인시켜 주기 위하여 최소한의 경우 상대의 격자 몸부위에 살짝 칼을 터치하는 수준이어도 된다.

한판을 격자해도 그 격자 전후에 상격의 역공을 당하지 않고, 오직 혼자만 상대를 격자한 후 성공적으로 일족일도의 안전거리 밖으로 빠져나와야만 득점이 된다. 따라서 심판은 언제나 격자한 즉시의 시점이 아니라, 존심유지에 의하여도 격자 후 상격이 없이 일족일도의 안전거리 밖으로 빠져나옴을 확인한 약 1초 뒤의 시점에서 승부의 깃발을 들어야 검리상 옳다고 본다.

호심검술에서는 격자 전후에 상격을 당하지 않는 것이 매우 중요한 심판의 판단의 기준이 되는 반면, 공격검술은 검리상 시합에서 한판격자만 건지면 될 뿐, 그 한판격자의 전과 후에 칼같지 않은 칼의 난타를 아무리 많이 당해도 괜찮다는 논리가 된다. 이 양쪽의 관점들은 서로 엄청난 심판결과의 차이를 초래한다.

검도본에서 장검의 7본, 단검의 3본 통틀어 살펴봐도 상격을 허용하는 검술모형은 한 곳도 없다. 논리상 상격은 검술모형으로 존재하면 안 된다. 도대체 어쩌다가 누구에 의하여 상격과 같은 바람직하지 않는 검술동작 중에서도 승부가 결정되는 이상한 사고방식이 검도시합의 심판과정에 스며들어오게 되었을까? 필자는 매우 의아스럽게 생각하지 않을 수 없다.

상격의 경우는 대체로 쌍방이 모두 실패한 것으로 본다. 기회포착을 못 하고 스피드 경쟁을 했을 뿐이다. 아주 극미한 시간 차이 정도로 비슷한 상격의 경우는 구태여 선후를 구분할 필요가 없다. 실전이면 둘 다 치명타를 입었을 것이니 상격은 대체로 둘 다 실패한 것으로 본다. 즉, 서로 승패를 예단할 수 없는 무대뽀 충돌의 스피드 경쟁일 뿐이다.

비록, 상대의 칼이 휘두르기 시작했지만, 가령, 자신의 칼이 상대에게 약 0.01초 더 빠르게 상대를 격자했다고 가정하자. 이런 경우면 자기의 빠른 칼이라도 과연 의미 있는 승리가 될까? 이 정도의 미미한 시간 차이의 상격이라면, 설사 자기의 칼이 상대의 몸에 먼저 도착했더라도, 상대의 칼도 역시 이미 상대편의 손을 출발하여 자기를 향하여 떠났으므로 이런 아주 간만의 차이는 상대방도 자기를 격자하는데도 역시 아무런 문제가 없다. 이처럼 시차를 인식하기 어려울 정도의 상격이라면 시합대결하는 쌍방의 실패라고 할 것이다. 단순히 서로의 칼이 날아가는 시간의 차이라고만 볼 수 있는 약 0.01초의 차이는 의미 없다. 실전이라면 모두가 똑같이 죽는 칼이기 때문이다. 즉, 상대의 칼이 움직이기 시작 전에, 자신의 칼이 상대에게 미리 타격을 주어야만, 상대의 올바른 칼의 휘두름이 불가능할 것이기 때문이다. 아마도, 개략적으로 추측건대, 서로 약 0.2초 이상의 시차가 나야, 상대의 칼이 움직이기 전에 상대에게 타격을 줄 것이므로, 이런 정도의 시간 차이가 승패를 가르는 의미가 있게 될 것이라고 본다.

논리적으로는 이와 같다고 하더라도, 상격은 무조건 어느 쪽도 기회를 잘 포착한 칼의 휘두름이 아니며, 또한 자기의 호신에 실패한 경우이기 때문에, 양쪽 모두 실패한 칼이라고 본다. 즉, 모두 득점에 실패했다고 본다. 비록 상격에서 서로 약 0.2초 이상의 차이가 났다고 하더라도, 더 빠른 칼의 경우도 역시 공격기회를 올바로 포착했다고는 볼 수가 없기 때문이다. 스피드의 승리는 행운일 뿐이며 기회 포착의 결과가 아니다. 그리고 대개 상대편의 스피드 수준은 잘 알 수 없는 것이며, 만약에 상대의 스피드가 더 빨랐다면 자기가 오히려 먼저 상대편의 칼에 당연히 당했을 것이기 때문이다. 그래서 스피드를 초월한 기회 포착이 그만큼 중요한 것이다. 더군다나, 호신검술의 관점에서는, 설사 자기가 충분히 빨리 상대를 먼저 격자했다 하더라도, 일족일도의 안전거리 밖으로 빠져나오기 전에 역공의 상격을 당하면 존심유지의 실패의 경우로서 간주되기 때문이다.

호신검술에서는 아주 확연히 크게 시간 차이가 나지 않을 경우에는, 조금 더 빠르거나 늦는 거와 상관없이, 대부분의 경우 상격은 양쪽 모두가 득점에 실패한 것으로 간주한다. 그러나 이 상격의 시간 차이가 아주 확연히 크면, 한번의 시합 내에서도 기회포착의 시도를 다시해야 할 검술의 또다른 게임이라고 간주할 것이다. 이때는 상격이라도 상격으로 취급되지 않기 때문에 선격자가 득점할 것이다.

"기회 포착이란 자기는 상대를 공격할 수 있으나, 상대는 자기를 격자하지 못하는 경우를 말한다." 따라서, 호신검술에서 기회포착을 못했을 경우에는 득점할 수 없다. 득점하려면, 반드시 상대를 격자 후, 상대의 역공을 피하여 일족일도 이상의 안전거리로 돌아왔을 때라야 한다. 호신검술에서는 필요에 따라 격자의 전과 후에 모두 방어를 해야 할 것이다. 그러므로 상격은 대체로 모두 기회 포착을 못 한 양쪽의 실패로 간주되며 이때, 심판이 어느 한쪽 편의 손을 미리 드는 것은 잘못이라고 본다. 호신검술에서는 자기는 상대를 격자했으나 역공을 전혀 당하지 않은 호신의 상태,

호 신 검 술

즉, 상격을 당하지 않은 상태가 깨끗한 유효득점에 해당한다고 생각한다. 쉽게 말하자면, 홀로 상대를 치고서 또한 무사히 빠져나옴으로써, 기회 포착과 동시에 존심유지의 경우임을 증명해야 한다. 사실상, 기회포착의 개념, 존심유지의 개념, 상격회피의 개념들은 서로 거의 같은 뜻이다.

예를 들면, 상대방의 손목을 성공적으로 격자한 직후, 상대의 몸 가까이 근접하여 1차 호신을 하였다고 하자. 그러나 아직 상대로부터 일족일도의 거리 안에 있으므로, 상대가 얼마든지 여러 가지의 퇴격동작으로써 자기를 역공할 가능성이 있으므로, 자기가 이 일족일도의 거리 밖으로 성공적으로 나가지 않은 이상은 아직 완전한 호신을 했다고 볼 수 없다. 이 경우 이러한 역공이 불가능한 거리 밖으로 역공당하지 않고 안전하게 빠져나가야만 호신이 완성되고 득점할 수 있을 것이다. 따라서 득점 관련해서 심판은 호신이 완성되기 전, 즉, 아직도 역공의 상격이 가능한 시점에서 심판이 승부를 미리 내리면 안 될 것이다.

이러한 이유 때문에, 호신 검술에서는 자기가 상대를 먼저 격자한 뒤에, 비록 시간이 지나서 자기를 향하여 날아오는 상대편의 칼이라도 가급적 무조건 막아서 서로 상격이 되지 않도록 만드는 것이 득점에 더 바람직하다. 공격검술에서는 자기의 격자보다 늦은 상대의 칼은 모두 '죽은 칼'이므로 맞아도 괜찮다는 입장이겠지만, 호신검술의 입장에서는 자기의 격자보다 늦은 칼도 상격의 상태로 만드는 '살아있는 칼'이기 때문에 일단 피하거나 막아야 한다고 보는 점에서 분명 서로 차이가 나게 된다.

호신검술에서는 상격이 아니면서, 동시에 자신이 깨끗하게 일방적으로 상대편으로부터 칼에 맞았다는 것을 인정하면, 이때, 상격을 만들기 위한 역공 외에는, 자신이 스스로 더 이상 칼을 양심적으로 공격적으로 휘두르지 않는다. 선수들 스스로 심판의 결과를 거의 정확하게 예측할 수 있기 때문이다. 그리고 이렇게 하지 않으면, 시합경기장이 어지러워지고, 자칫하면 서로 끊임없이 맞고 치고 혹은 치고 맞고 계속하는 난투극과 비슷한 난타의 형국이 되기 때문이다.

이를테면, 한칼 한칼 신중하게 기회포착함이 없이 서로가 무대뽀 머리치기 연타만을 계속 날리는 검술동작이 옳을까? 이것이 호신에는 문제가 없을까? 이때 계속 머리치기 연타를 하는 동안 공격자의 몸의 동적 균형은 사실상 망가져 있는 상태일 것이다. 그뿐만 아니라, 적당한 상대를 만나면 상대의 역공에 거의 무방비 상태일 것이다. 이러한 기회포착이 실종된 난투극 현상은 오직 한판에만 관심을 두는 현행 심판 관행 때문이라고 생각한다.

이러한 현상은 공격검술에서 상대편으로부터 칼에 맞아도 이것이 한판의 유효격자인지 아닌지를 심판이 알려줄 때까지는 거의 모르기 때문에, 공격 의지에 급한 마음이 되어, 무조건 쌍방이 서로 칼에 맞아도 서로 계속 칼을 주고받는 것이다. 이 때문에 다칠 우려도 크다. 축구, 농구, 야구 등 다른 스포츠에서는 선수들이 자신의 행동으로 득점이 되었는지, 않은지 심판이 판정하기 전에도 스스로 거의 정확하게 예측하거나 짐작할 수 있다. 그러나 공격검술에서는 심판이 특정 동작을 선택하여 한판이라고 득점 판정을 알려줄 때까지는 선수들이 심판결과를 거의 모른다.

그러나 호신검술에서는 완벽하지는 않지만, 그래도 선수들이 자기 몸이나 상대의 몸에 격자된 것을 인지함과 동시에, 득점의 격자가 성립된 지를 선수들도 역시 거의 정확하게 추측할 수 있다. 그래서 당연히 혼전을 공격검술보다는 훨씬 더 잘 막을 수 있다. 단지, 호신검술에서는 상대가 자기를 격자해도 상대방이 격자 후에 호신의 상태를 완성하지 못한 상태로 만들려고, 즉, 상격의 상태로 만들어서 쌍방이 똑같이 함께 득점하지 못 하게 하도록 노력할 것이다.

| 04 |

시합은 한판승으로

●

    승패가 결정 나서 한편이 부상당하거나 죽었다고 상정할 때 다시 부활하여 기회를 얻게 한다는 것이 아무래도 상식에 맞지 않는다. 즉, 패자부활전은 없는 것이 옳다. 그래서 경기마다 1점의 한판승부가 오히려 검리상 더 상식적이다. 그리고 호신검술경기에서는 단체전은 없고, 최고의 검술실력자를 가르는 토너먼트개인전밖에는 없는 것이 옳다고 본다.

균형을 잃어
스스로 넘어지면 패배

━━━━━━━━━━━━━ ● ━━━━━━━━━━━━━

　균형을 잡지 못하는 것은 검술 실력에 매우 중요하다. 상대방이
원인이 아님에도 불구하고 균형을 잃고 스스로 넘어진 것은 한판
졌다고 보는 것이다.

몸기술 적용은 반칙

●

의도적인 몸받음이나 미는 동작은 반칙으로 처리한다. 뿐만아니라, 머리치기직진의 강한 몸받음으로 상대를 넘어뜨렸을 경우에도 역시 마찬가지로 반칙이 된다. 더 나아가 태권도나 유도, 레슬링 등의 몸기술을 검술에 결합하여, 순수한 호신검술의 실력 차이를 왜곡시키는 것을 철저히 방지한다. 거듭 언급하지만, 호신검술과 호신술은 서로 다른 차원의 영역이다.

고단자는 무조건
쌍방의 부상에 책임이 있다

●

검도에서 격자하는 부위를 한정하는 것은 스포츠로서 다치는 것을 방지하기 위한 것이다. 비록 한정된 특정 몸부위일지라도 상대방의 방어를 뚫고 어느 몸부위를 격자할 능력이라면, 한정되지 않은 다른 곳도 능히 격자할 능력을 갖추었다고 봐야 할 것이다. 그러나 실제 수련이나 시합과정에서는 상대방의 한정된 몸부위를 격자하지 않아서 부상이 수반되는 경우가 비일비재하다.

이를테면, 언제나 고개는 바로 들고 최대한 정자세로 상대를 바로 바라보는 것이 바람직하다. 어떤 동작이든 상대를 바라보는 자기 시선을 끊지 않아야 한다. 만약, 고개를 숙이면, 상대에 대한 시선을 놓칠 뿐만 아니라, 뒤통수를 상대편으로부터 격자당하여 크게 다칠 우려도 있다. 물론 이때 상대편은 단순히 실수한 것이라 하더라도.

고수는 무조건 하수의 부상에 책임이 있지만, 하수는 고수의 부상에 대한 책임이 없다. 고수가 다치든 하수가 다치든 모두 고수의 책임이라는 뜻이다. 즉, 고단자는 무조건 쌍방의 부상에 책임이 있다. 고단자가 여기에 동의할 수 없으면, 혹은 이러한 책임을 지지 않으려면, 승단하지 말든지, 아니면 기존 승단을 반납하든지 하여야 할 것이다.

고단자에게는 저단자(低段者)가 부상을 당하지 않게 배려하고 조심할 의무와 책임이 따른다. 또한 동시에 하단자의 어떤 칼이라도 잘 방어하여 자기자신이 부상을 당하지 않도록 스스로 철저히 주의하여야 한다. 고단자는 원래 저단자의 칼을 방어할 충분한 자격이 있다고 상정된다. 저단자는 고단자를 만날 때 고단자의 자기방어 능력을 믿기 때문에 안심하고 마음 놓고 공격하고 싶은 대로 공격하는 것이다. 물론 이 과정에서 정도에 벗어난 저단자의 칼도 있을 것이다. 이런 다양한 경우에도 개의치 않고 고단자는 모두 방어 및 호신하여야 하며, 이 경우 하단자를 원망해서는 안 된다.

또 예를 들면, 손목치기 과정에서 실수로 손목이 아닌 팔을 치는 경우가 많다. 만약에 자기보다 하수로부터 자기의 팔이 격자당하면 비록 격자해서는 안 될 몸부위라 하더라도, 하수인 상대를 원망하기보다는 더 고수인 자기가 자기 몸을 호신하지 못함을 스스로 반성하는 것이 옳다. 그러나 하수가 자기보다 고수인 상대로부터 팔을 격자당하면 이때는 오히려 고수인 상대가 잘못한 것이다.

더 부연하고 요약하면, 저단자가 고단자의 팔이나 다리를 쳤다고 하자. 저단자의 잘못이 없다. 이때, 고단자는 호구호면이 커버하지 못하는 자기의 몸부위를 맞았다고 해서, 자신에게 잘못이 없을까? 아니다. 필자의 생각으론, 비록 득점을 못 할 몸부위라고 하더라도 최소한 고단자가 자기자신을 호신하지 못한 책임은 여전히 고단자에게 있는 것이다.

만약에 고단자가 하수의 칼에 잘못 맞아서 아프다고 하소연하거나, 하수의 잘못을 따지거나 그 부상의 책임을 하수에게 떠넘긴다면, 이것은 옳지 못하다. 이것은 보기 좋은 모습도 아니다. 고수는 검술의 옳고 그름을 판단하고 가르치는 유리한 위치에 있기 때문에, 즉, 그러한 판단의 결정권 때문에, 대개 호신에 실패한 자기의 잘못까지도 모두 하수의 잘못이라고 주장하면서 하수에게 언제나 그 책임을 완전히 떠넘길 수 있을 것이다. 그렇지만, 사실상, 하수는 고의나 악의가 포함되지 않은 이상, 수련 중 어떤 경우이든 하수의 낮은 지위 때문에 책임이 없다고 본다. 그렇기 때문에, 고단자는 고단자이고 저단자는 저단자인 것이다. 이 경우에, 고단자는 폼으로만 존재하는 것이 아니다.

| 08 |

호신검술의 보호장비

●

호신검술을 위한 별도의 호구호면호환이 개발되기 전까지 당분간은 공격검술 성격의 공인검도의 호구호면호환을 그대로 사용하도록 한다. 그러나 앞으로 호신검술을 위한 별도의 보호장비들이 개발되면, 시합 때에 뒷머리, 등어리, 뒷허리도 격자할 수 있을 것이다. 만약 이런 상황이 되면, 새로운 심판규정이나 심판관행이 만들어져, 윗머리작은머리치기직진의 표준검술모형의 검술동작이 검리상 내포하고 있는 치명적인 약점들이 당연히 과거처럼 더 이상 유리하게 보호되지 못하기 때문에, 이때에는 이 '윗머리작은머리치기직진의 표준검술모형'은 거의 확실히 사라질 것이라고 본다.

검술이 실전에서는 격자대상 몸부위의 제한이 없겠지만, 검술 스포츠에는 격자 대상 몸부위를 정하여 제한하고 있다. 그것은 호구호면호환으로서 부상이나 사고를 막을 수 있는 최소한의 조치가 되어있는 곳만을 격자대상몸부위로서 제한하여 격자를 허용한다는 것이다. 비록 이러한 격자 범위의 제한을 둘지라도 성공적으로 여기의 허용범위를 격자할 수 있는 실력이라면, 당연히 이 범위를 벗어나는 것에도 격자하는 능력에도 충분히 문제가 없을 것이라고 추정하기 때문이다. 따라서 심판규칙이 더욱더 광범위하게 격자를 허용하지 않는 것을 이상하게 생각할 것 없다. 그러나, 시합이나 상호연습 후에 자기의 몸에 남겨진 상처나 멍든 것을 보면, 상대가 어떤 마음으로, 어떤 실력으로 자기를 어떻게 공격했고, 자기가 여기에 어떻게 방어했는지를 대체로 쉽게 짐작할 수 있다.

안전 문제를 제외하고는
실전에 최대한 가깝게
호신검술의 개발

●

검술의 옳고 그름, 그리고 그 발전 방향은 실전 상황을 가정한 합리적 추론이 판단기준이 될 것이다. 검술이 실전과 무관한 단순 스포츠인가, 아니면, 실전을 예상한 훈련인가의 대한 논쟁 문제이다. 검술의 고수가 실전에서도 검술의 문외한과 비교해서 아무런 실력의 차이가 나타나지 않는다면 이것도 검술에 근본 문제가 있을 것이다. 검술은 비록 스포츠라고 하더라도 언제나 안전 문제를 제외하고는 실전에 최대한 가깝게 시뮬레이션하면서 개발되어야 한다. 그렇지 않으면 실전에서 유리함을 기대하는 수많은 검도인들에게 큰 실망을 주고 검도인들도 대거 의욕을 잃거나 검도에서 떨어져 나갈 것이다. 지금 중국에서도 유명한 쿵후, 태극권, 영춘권 등이 실전에 최대한 가깝게 개발된 UFC격투기 선수들에게 여지없이 나가떨어져 지금 자체적으로도 큰 반성을 하는 것으로 알고 있다.

검술이 스포츠라는 전제하에서, 실전을 연결하는 관점이 완전히 무시되는 것은 옳지 않다고 본다. 즉, 검술이 단순 스포츠나 게임처럼 실전과는 완전히 무관해도 괜찮다는 견해에는 전혀 동의할 수 없다. 오히려, 오직 안전에 대한 문제가 없는 한, 항상 검술이 더욱 실전적이 되기 위하여 부단히 개량되어야 옳다고 본다.

만약에 누군가가 검도는 단지 스포츠이기 때문에 안전을 최우선시하지만, 룰은 아무렇게나 정하기 나름이며, 한번 정한 다음에는 설사 실전과 연결되지 않더라도 무조건 철저히 지키는 것만이 옳은 답이라고 말한다면, 이 사람과는 검술발전을 위하여 더 이상 전혀 함께 토론할 필요가 없다. 검술이 스포츠라고 하더라도, 그 룰이 안전을 해치지 않는 범위 내에서는, 최대한 실전에 가깝게 유사한 것으로 만드는 노력이 끊임없이 이루어져야 더욱더 바람직하다고 본다.

원래 검술에서 실전과 가깝게 하기 위하여 시합의 유무는 매우 중요하다. 지금까지 한국에서 일본검도와 상당히 유사한 현재의 공인검도를 탈피하기 위한 한국 별도의 전통검술을 개발하려고 시도한 사례들이 수없이 많았다. 그러나, 지금까지 이런 시도가 거의 다 실패한 것은 바로 검도시합의 개념이 너무 약하고, 대중에게 단지 멋있게 폼잡고 약속대련하든지 일방적으로 시연하는 것에만 치중했기 때문이 아닌가 추측된다. "올바른 검술시합은 검술스포츠를 실전과 연결시키는 첩경이라고 할 것이다."

10

호신검술이 필요없는 경우

●

검도의 초보자들은 고단자에 비교하여 볼 때, 대개 검술의 동작이 상대적으로 느리고 약하다. 따라서 검술의 고수들은 하수들의 칼을 거의 모두 잘 피하거나 막을 수 있고 또한 상격의 경우도 오직 스피드의 차이만으로도 완연히 하수를 제압하기 때문에 발생하지 않게 할수 있다. 이처럼 고수와 하수 사이의 실력 차가 아주 현격한 경우는, 구태여 고수가 상대적으로 복잡한 연속동작기술의 호신검술을 쓸 필요가 없다. 그냥 정공법으로 단순한 단칼동작의 스피드 공격검술만을 사용해도 늘 상대를 제압할 수 있으며 또한 자기 호신에 아무런 문제가 없기 때문이다. 이를테면, 이 경우 고수는 너무나 빨라서 하수가 역공을 하기 전에, 이미 하수를 격자하고서 안전거리로 빠져나오기 때문이다.

앞에서 논한 바와 같이, 윗머리작은머리치기직진이 아무리 검리상 문제가 있고 약점이 많다고 하더라도, 만약에 이 모든 문제들을 초월 극복하고, 상격이 없이 혼자서 깨끗한 한판을 만들어 낼 수 있는 대단한 수준이라면, 이런 머리치기의 경우는 기회포착을 잘한 경우이며 또한 존심의 유지의 증명도 필요없는 특별한 경우로서, 필자까지도 물론 득점을 인정하지 않을 수 없겠다. 이와같이 현격한 실력의 차이로서 결과적으로 전혀 반격의 상격을 허용하지 않는 깨끗한 전통적 머리치기라면 역시 훌륭하다. 모순투성이의 검술동작임에도 불구하고 매우 어려운 것을 수행했기에, 이런 경우의 결과에까지 필자가 이의를 다는 것은 아니다.

11

공인검도의 미래

───────── ● ─────────

　이해를 돕기 위하여, 이 책의 전체 내용을 간략히 다시 요약 정리하면 이러하다. 결국, 필자가 주장하려는 검술의 특징은 한마디로 '호신검술'이라고 표현하고 싶다. 이것은 기존의 공인검술이 '공격검술'이라는 인식과 대비되는 것이다. 물론, 호신검술과 공격검술의 어느 쪽이든 평소에 공수(攻守)가 함께 이루어지겠지만, 그러나 이 양자의 가장 큰 상대적 특징 차이를 간략히 비교하자면,

　첫째, 호신검술은 내 몸을 보호하는 것을 가장 우선시하며 적의 칼이 나를 전혀 스치지도 못하게 철저한 방어를 하려는 입장이다. 즉, 호신을 먼저 하면서 다음의 기회를 찾는 논리이다.

　반면에, 둘째, 공격검술은 공격을 가장 우선시하며, 설사 내가 살을 베어주더라도 적의 뼈를 치겠다는 입장이다. 즉, 불완전한 열 번의 칼보다는 완벽한 한판의 칼의 기술이 더 중요시하는 입장이다.

그런데 문제는 호신검술이냐 공격검술이냐, 그 취하는 관점에 따라서, 검도기술의 선택, 그 체계, 평가 및 심판기준이 근본적으로 달라진다는 놀라운 발견이었다. 이를테면, 호신검술에서는 격자 후 주로 퇴격동작을 취하는 반면, 공격검술은 전진동작을 취한다. 그리고, 호신검술은 먼저 방어를 우선시한 후, 그다음에 상대를 공격하는 다단계동작, 간접공격을 주로 시도하는 반면, 공격검술은 스피드경쟁에서 이기려는 1단계동작, 직접공격을 주로 시도한다.

그리고, 심판의 차이 문제도 요약하면, 공격검술은 상대를 격자하기 전이나 후에도 상대편으로부터 불완전한 칼을 자기가 아무리 많이 맞아도 별로 개의치 않는다. 오직 깨끗한 한판의 격자만을 얻는 것을 가장 중요시한다. 반면에 호신검술은 상대로부터 손톱만큼도 자기가 격자당하지 않는 것을 최우선시한다. 그다음에 기회를 봐서 상대를 격자한다. 그 대신 그 상대를 향한 격자가 완전하든 불완전하든 별로 개의치 않는다. 그냥 상대가 칼에 맞았다는 것을 인정할 수 있는 수준이면 득점이 된다. 그러나 이 경우, 격자의 전후에 반드시 상격이 되지 않도록 해야 유효격자이다.

공격검술에서는 상대가 한판의 격자를 당한 후, 상대가 완전히 죽었다고 가정함으로써, 상대가 그 뒤에 상격을 해도 이 상격은 죽은 칼로서 별 의미가 없지만, 반면에, 호신검술에서는 상대가 유효격자를 당한 후, 상대가 아직 어느 정도 살아있다고 가정함으로써, 반드시 상대방의 역공에 의한 상격으로부터 성공적으로 빠져나와야만 득점이 된다. 따라서, 공격검술에서는 상격의 경우에도 득점하는 경우가 있겠지만, 호신검술에서는 상격의 경우에 무조건 득점이 불가하다.

앞으로 필자는 한국의 공인검도가 점진적으로 더욱 준비해서 결국은 공격검술로부터 호신검술으로 대체되기를 기대하고 있다. 지금도 공인검도계를 이끄시는 존경하는 초고단자님들께서는 이 호신검술의 책을 어떻게 평가하실지는 모르겠으나, 필자는 단지 이 책을 한국의 공인검도의 미래지향적인 발전을 생각하면서 어떤 사명감으로 연구하여 써 본 것이다. 필자는 한국의 공인검도가 언젠가는 반드시 이 길로 가야 한다고 확신하기 때문이다. 부디, 필자 개인 자체에 대해서가 아니라, 오직 '호신검술의 검리의 진실성'만을 객관적으로 살펴봐 주시기를 삼가 앙망하고 있다.

그리하여 공격검술은 일본검도의 특성으로 하고, 호신검술는 한국검도의 특성으로 서로 각각 독립적으로 정립되기를 희망한다. 그리고 국제검술시합도 공격검술세계대회와 호신검술세계대회로 따로따로 만들어 각각의 다른 심판 규정하에서 별도로 개최되기를 바란다. 마치 태권도와 가라테가 서로 구별되는 것처럼.

비록 현재의 공인검도에서는 대체로 일본에서 전수된 공격검술을 연마함으로써, 이것이 필자가 개발한 이 호신검술과는 많이 다르겠지만, 이것은 단지 전체적인 동작설계의 검리의 차이가 있을 뿐, 각 부분 각개 검술동작들의 조각조각은 사실상 더 새로운 것이 없다. 따라서, 기존의 공인검도 초고단자님들께서 마음만 새롭게 달리 먹고, 호신검술의 검리를 받아들이고, 조금만 스스로 추가 연습만을 하시면, 누구나 얼마든지 공격검술에서 호신검술로 금방 쉽게 전환할 수 있다고 보고 있다. 기존의 공인검도 유단자들도 기존의 관점과 사고방식만 바꾸고 호신검술의 검리를 받아들이고 또한 호신검술에 새로이 적응하기 위한 얼마의 수련만 추가하면, 언제든지 스스로도 공격검술에서 호신검술로 쉽게 전환할 수 있을 것이다. 왜냐하면, 각개 단편적인 조각조각의 검술동작은 양자가 서로 거의 같기 때문이다. 따라서 만약 일반인들이 지금 처음으로 호신검술을 배우고자 하면, 기존의 공인검도체육관에서 상당한 기간 기초수련을 통하여 일단 유단자 수준이 된 뒤에, 이상과 마찬가지로, 이 책에서 제시한 호신검술의 내용에 따라 본인의 관점 및 사고방식을 바꾸며 호신검술의 검리를 받아들이고 스스로 얼마의 적응연습을 더 추가하시면 효율적으로 호신검술에 접근하는 방법이 될 것으로 본다.

　앞으로 한국의 공인검도 체육관에서 이 새로운 호신검술을 공격검술과 병행하거나 양자택일하여 소개하고 가르치기를 희망한다. 그러면, 아마도 엄청난 호신검술에 대한 수요가 폭발되며 공인검도가 국민스포츠로 승격될 것으로 추측된다.

만약에 이렇게 한국의 공인검도의 특성이 공격검술로부터 호신검술로 바꾸어서 대표하게 되면, 앞으로 한국검도는 거침없는 무궁한 발전과 함께 세계 검술의 제패와 무한진출, 전국의 호신검술의 활성화와 붐을 크게 이룰 것으로 확신한다. 심지어 호신검술은 공격검술과는 달리, 일반인들까지도 상식에 입각하여 공감하기가 아주 쉬운, 심판에서의 매우 높은 객관성을 확보함으로써, 세계최초의 올림픽 검술 종목으로도 바라볼 수 있을 것이다.(아마도, 바로 이러한 심판의 객관성의 큰 증가 때문에 센서가 있는 보호장비를 착용한 전자자동심판시스템도 얼마든지 가능할 것이다.) 만약 이렇게만 되면, 한국 검도인들의 모두에게 윈윈의 성공사례가 될 것으로 본다.

원래부터 검이란 무력의 상징이다. 따라서 자기 나라 고유의 검술에 대한 강한 자부심의 형성과 이것의 평소의 훈련은 정신적으로 국민들의 기상을 드높이고 국민의 자존심을 지키는데도 결정적인 큰 역할을 할 것이다.

호신검술

초판 1쇄 인쇄 2023년 10월 20일
초판 1쇄 발행 2023년 10월 30일
지은이 남중헌

펴낸이 김양수
편집디자인 안은숙
교정 김현비

펴낸곳 도서출판 맑은샘
출판등록 제2012-000035
주소 경기도 고양시 일산서구 중앙로 1456(주엽동) 서현프라자 604호
전화 031) 906-5006
팩스 031) 906-5079
홈페이지 www.booksam.kr
블로그 http://blog.naver.com/okbook1234
포스트 http://naver.me/GOjsbqes
이메일 okbook1234@naver.com

ISBN 979-11-5778-617-6 (03690)